ENNEAGRAMM
FÜR EINSTEIGER

LAURA MILTENBERGER

ENNEAGRAMM FÜR EINSTEIGER

Die eigene Persönlichkeit erkennen und positiv weiterentwickeln

DK

DK New York
Lektorat Mike Sanders, Ann Barton
Gestaltung und Bildredaktion William Thomas, Jessica Lee
DK Picture Library

Für die deutsche Ausgabe:
Programmleitung Monika Schlitzer
Redaktionsleitung Marline Ernzer
Projektbetreuung Doreen Wolff
Herstellungsleitung Dorothee Whittaker
Herstellungskoordination Bianca Isack
Herstellung Christine Rühmer
Covergestaltung Jürgen Katzenberger

Titel der englischen Originalausgabe:
Enneagram Empowerment. Discover your personality type and unlock your potential.

Übersetzung Gabriele Lichtner, Berlin
Lektorat & Satz lesezeichen Verlagsdienste, Köln

ISBN 978-3-8310-4352-1

Druck und Bindung TBB, a.s., Slowakei

MIX
Papier aus verantwortungsvollen Quellen
FSC® C018179

www.dk-verlag.de

Haftungsausschluss

Die Informationen und Ratschläge in diesem Buch sind von der Autorin und vom Verlag sorgfältig erwogen und geprüft, dennoch kann eine Garantie nicht übernommen werden.

Eine Haftung der Autorin bzw. des Verlags und seiner Beauftragten für Personen-, Sach- und Vermögensschäden ist ausgeschlossen.

Hinweis

Dieses Buch ist für Menschen jeglichen Geschlechts gedacht. Aus Gründen der besseren Lesbarkeit ist hier öfters von »sein« und »er« die Rede und die Typenbezeichnungen sind im generischen Maskulinum. Menschen jedes Geschlechts sind jedoch ausdrücklich mitgemeint.

Für Margot und Mary Claire

Inhalt

Einführung ... 9

TEIL 1: DIE GRUNDLAGEN

Enneagramm – was ist das? ... 12
Die neun Enneagramm-Typen ... 14
Stresstyp und Sicherheitstyp ... 18
Flügel ... 19
Das Enneagramm zur Selbstermächtigung nutzen ... 20
Wie Sie Ihren Enneagramm-Typ finden ... 23
Quiz: Welcher ist Ihr Typ? ... 24
Die Enneagramm-Typen kennenlernen ... 27
Typ 1: Der Visionär ... 28
Typ 2: Der Verbindliche ... 32
Typ 3: Der Leuchtende ... 36
Typ 4: Der Künstler ... 40
Typ 5: Der Philosoph ... 44
Typ 6: Der Anwalt ... 48
Typ 7: Der Entdecker ... 52
Typ 8: Der Kämpfer ... 56
Typ 9: Der Diplomat ... 60

TEIL 2: DAS ENNEAGRAMM UND SELBSTERMÄCHTIGUNG

Selbstmitgefühl kultivieren ... 66
Achtsam auf Stress reagieren ... 68
Seine Stärken ausleben ... 70

Gestärktes Denken 74
Denkfallen 76
Gestärktes Denken nach Typen 78
Seine Werten leben 88
Häufige Hauptwerte..92
Selbstfürsorge für jeden Typ 94

TEIL 3: DAS ENNEAGRAMM UND BEZIEHUNGSSTÄRKUNG

Beziehungsstärkung 108
Die drei Subtypen 110
    Subtypen und zwischenmenschliche Beziehungen 114
Die drei Haltungen 118
    Was sind Grenzen? 120
    Was können Sie kontrollieren? 122
    Die nachgiebige Haltung 124
    Die verschlossene Haltung 126
    Die bestimmende Haltung 128
Die drei Weisheitszentren 134
    Kopf, Herz und Körper 136
    Weisheitszentren und Beziehungen 138

Literaturhinweise...140
Register..140
Bildnachweis, Dank..144
Über die Autorin 144

Einführung

Das Enneagramm unterscheidet sich von jedem Persönlichkeitstest, den Sie bisher gemacht haben, denn es macht Ihnen nicht nur bewusst, wer Sie jetzt sind, es hilft Ihnen auch, den Weg zu der Person zu finden, die Sie sein möchten.

Das dynamische System des Enneagramms gibt Ihnen die Möglichkeit, in Ihre Stärken zu investieren, mitfühlend an Ihren Schwächen zu arbeiten und sich selbst und Ihr Potenzial auf ganz neue Art zu verwirklichen. Wenn Sie mehr Vertrauen in Ihre Fähigkeit bekommen möchten, Ihr Leben gut zu leben, brauchen Sie die tiefe Selbstkenntnis, die das Enneagramm ermöglicht. Deswegen ist das Enneagramm so ermächtigend.

Was heißt es, ermächtigt zu sein? Nun, erinnern Sie sich, wie Sie sich als Kind gefühlt haben, als Sie das erste Mal über die Küchenarbeitsplatte schauen konnten? Oder endlich lesen und die Welt um sich herum auf ganz neue Art verstehen konnten? Oder wie die ersten Schwimmstöße Sie getragen haben? Vielleicht erinnern Sie sich, wie Sie endlich in der Lage waren, bis ganz oben aufs Klettergerüst zu gelangen, Ihren Namen zu schreiben oder auf dem Trampolin einen Salto zu machen. Während sich neue Muskeln bildeten und Sie mehr Kontrolle über Ihren Körper bekamen, fühlten Sie sich zunehmend stärker und Ihr Vertrauen in Ihre Fähigkeiten wuchs. Genauso fühlt sich Selbstermächtigung an. Selbstermächtigung heißt, stärker zu werden und selbstbewusst darauf zu vertrauen, sein eigenes Leben gestalten und kontrollieren zu können.

Das Enneagramm holt Sie dort ab, wo Sie sind, und zeigt Ihnen, wer Sie werden können. Wenn Sie sich darauf einlassen, werden Ihnen mit seiner Hilfe neue »Muskeln« wachsen, Sie werden die Welt auf neue Art verstehen, und Ihr Vertrauen in Ihre Fähigkeit, ein gutes Leben zu führen, wird wachsen.

Die Grundlagen

Willkommen beim Enneagramm, dem Werkzeug für ein gutes Leben

Enneagramm – was ist das?

Das Enneagramm ist ein Symbol mit neun Spitzen zur Bestimmung des Persönlichkeitstyps. Es beschreibt jedoch nicht nur Ihre Charakterzüge, sondern geht sehr viel tiefer, indem es die treibenden Kräfte hinter Ihrer Persönlichkeit aufdeckt, zum Beispiel Ihre besonderen Ängste und Motivationen. Ihre Stärken und Tugenden werden aufzeigt, aber auch Ihre das Wachstum hemmenden Schwächen und Widerstände – die Gedanken- und Handlungsmuster, die Sie ausbremsen.

WARUM IST DAS ENNEAGRAMM SELBSTERMÄCHTIGEND?

Es ist nicht leicht, persönliche Schwächen zu akzeptieren, aber wenn man erkennt, welche Persönlichkeitsmuster einem im Weg stehen, sieht man leichter ein, was man verändern muss. Nichts stärkt das eigene Selbst mehr, als die Akzeptanz seiner ganzen Persönlichkeit, mit all ihren Schönheiten und Makeln. Seine Stärken mit Selbstvertrauen zu nutzen und sich seinen Schwächen zu stellen, ohne zu hart mit sich ins Gericht zu gehen, ermöglicht Reifung und Wachstum.

DER URSPRUNG

Das Symbol des Enneagramms reicht in vorchristliche Zeit, aber das derzeitige Verständnis geht zurück auf die in der Mitte des 20. Jahrhunderts entstandenen Lehren von Oscar Ichazo, einem bolivianischen spirituellen Lehrer, und Claudio Naranjo, einem chilenischen Psychiater.

WIE FUNKTIONIERT DAS ENNEAGRAMM?

Das Symbol des Enneagramms hat neun Spitzen mit Zahlen, die jeweils für einen Persönlichkeitstyp stehen. Eine davon bezieht sich auf Ihren dominanten Typ, aber alle neun sind miteinander verbunden und bilden so den dynamischen Spielraum Ihrer Persönlichkeit und Ihrer Handlungsmöglichkeiten ab. Zum Beispiel hat man in Zeiten der Sicherheit Zugang zu den Zügen seines Sicherheitstyps, in Zeiten von Stress zu Zügen des Stresstyps. Anstatt eine Person als statisch und vorhersehbar zu betrachten, beschreibt das Enneagramm sie so, wie sie ist, und zeigt gleichzeitig Wege zu einer gesunden Veränderung auf.

Enneagramm stammt aus dem Griechischen und heißt Zeichnung (gr. »gramm«) mit neun (gr. »ennea«) Spitzen. Die neun Haupttypen werden oft durch ein solches Diagramm dargestellt.

TYP 1
DER VISIONÄR
perfektionistisch
gewissenhaft
rational

TYP 2
DER VERBINDLICHE
kontakfreudig
empathisch
hilfsbereit

Dies ist eine kleine Vorschau auf die neun Typen.

TYP 3
DER LEUCHTENDE
produktiv
beeindruckend
durchsetzungs-stark

Die neun Enneagramm-Typen

Das Enneagramm umfasst neun Persönlichkeitstypen. Ihr dominanter Enneagramm-Typ beruht auf Ihren vorherrschenden Ängsten, Motivationen und Hindernissen. Auf die eine oder andere Art sind Sie mit allen neun Typen verbunden, aber Ihr dominanter Typ entspricht Ihrer Ausprägung und Lebenserfahrung am stärksten. Auf den folgenden Seiten wird jeder Typ ausführlich beschrieben.

TYP 4
DER KÜNSTLER
sensibel
authentisch
ausdrucksstark

TYP 5
DER PHILOSOPH
intellektuell
reserviert
unabhängig

WOZU DAS ENNEAGRAMM DIENT

Das Enneagramm wird Ihnen helfen, sich zunächst selbst zu akzeptieren, und Ihnen dann die Freiheit geben, über sich hinauszuwachsen. Durch das Enneagramm werden Sie die Gründe hinter Ihren wenig hilfreichen Handlungsmustern erkennen. Vielleicht denken Sie dann: »Aha! Deswegen sabotiere ich meine Beziehungen immer selbst!« oder »Oh! Deswegen verliere ich oft die Beherrschung und schreie dann Leute an.« Durch diese Selbsterkenntnis werden Sie in solchen Situationen zukünftig mehr Mitgefühl mit sich selbst haben – was jedoch keine Entschuldigung dafür ist, um Handlungsmuster beizubehalten, die nicht sehr hilfreich oder sogar schädlich für Sie oder andere sind. Stattdessen ist die Erkenntnis eine Einladung, sich aus dieser Zwanghaftigkeit zu lösen und eine neue Flexibilität zu entwickeln, um bessere Entscheidungen zu treffen und freundlichere Verhaltensweisen an den Tag zu legen. Das Enneagramm lässt Sie verstehen, warum Sie auf eine bestimmte Art handeln. Ziel ist, dass Sie dadurch zum Wachsen ermächtigt werden, kleine Schritte aus Ihrer Komfortzone wagen und zu einer besseren Person werden als die, die Sie gestern noch waren.

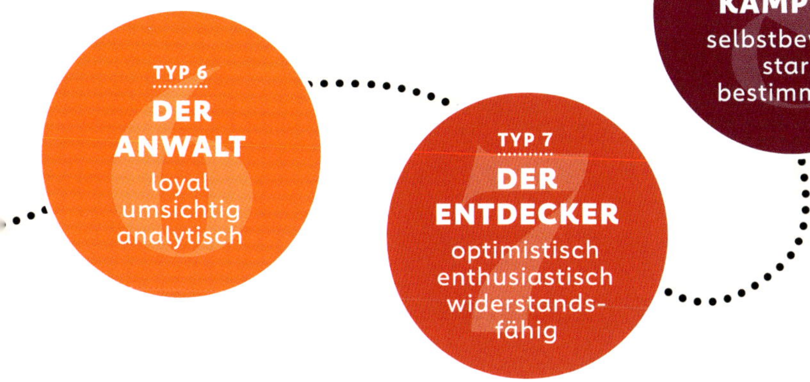

HAUPTHINDERNISSE ERKENNEN

Zu Ihrem dominanten Enneagramm-Typ gehören bestimmte Wachstumshindernisse, die bei dem körperlichen Schmerz, dem Leid oder der Enttäuschung in Ihrem bisherigen Leben eine wesentliche Rolle spielten. Diese Hindernisse sind Denk-, Gefühls- oder Verhaltensmuster, die Sie wahrscheinlich ursprünglich entwickelt haben, um in der Welt zurechtzukommen und sich selbst zu schützen. Oft werden diese Muster aber nach dem Ende von Krisen nicht mehr gebraucht und stehen einem nur noch im Weg. Wird ein Kind zum Beispiel für sein Weinen ausgeschimpft, lernt es, dass es besser ist, seine Gefühle zu unterdrücken. Doch wenn es erwachsen ist, kann das Unterdrücken von Gefühlen zu anderen Problemen führen. Die Kenntnis Ihrer persönlichen Wachstumshindernisse ist ein wichtiger Faktor, um das Enneagramm für Ihre Selbstermächtigung zu nutzen. Man muss zunächst erkennen, warum und womit man sich selbst im Weg steht, um die selbst errichteten Hürden zu beseitigen und zu der selbstbewussten und kompetenten Person zu werden, die man eigentlich ist.

HAUPTÄNGSTE UND HAUPTMOTIVATIONEN ERKENNEN

Ihr dominanter Enneagramm-Typ hat mehrere Grundmotivationen und Hauptängste, die die Antriebskräfte hinter Ihrer Persönlichkeit bilden. Ihr Verhalten und Ihr Charakter bestimmen, was Sie tun, und Ihre Motivationen und Ängste sind die Gründe, warum und wie Sie es tun. Wenn Sie diese erkennen, wissen Sie sogleich, warum Sie eine bestimmte Wahl treffen und die Welt auf eine bestimmte Art sehen. Es ist wichtig, dass Sie verstehen, welche Rolle diese Ängste und Motivationen in Ihrem Leben spielen. Das hilft Ihnen beim Entwickeln von Selbstmitgefühl, einem wesentlichen Faktor, um zu wachsen.

Das Enneagramm wird Ihnen helfen, sich selbst zu akzeptieren, und Ihnen die Freiheit geben, viel mehr zu werden.

Stresstyp und Sicherheitstyp

Ihr Stresstyp ist die Zahl, zu der Sie in Zeiten von Stress und Unsicherheit neigen. Wenn Sie wissen, in welche Handlungen Ihres Stresstyps Sie automatisch verfallen, können Sie leichter erkennen, wann Sie unter zu viel Stress stehen und neue Methoden der Selbstfürsorge finden müssen. Und die Kenntnis der positiven Handlungen Ihres Stresstyps hilft Ihnen wiederum, sich diesen in Stresszeiten bewusst zuzuwenden.

Ihr Sicherheitstyp ist die Zahl, der Sie sich in sicheren und gesunden Zeiten zuwenden. Und während Sie sich von den ungesunden Mustern oder Fallstricken Ihres dominanten Typs befreien, nehmen Sie automatisch mehr gesunde Verhaltens- und Charakterzüge Ihres Sicherheitstyps an. Allerdings wäre es nicht hilfreich und sogar kontraproduktiv, zu versuchen, wie Ihr Sicherheitstyp zu handeln oder die Züge dieses Typs anzunehmen. Wachstum findet nur statt, wenn Sie sich mitfühlend so akzeptieren, wie Sie sind, während Sie anstreben, sich von den ungesunden und nicht hilfreichen Mustern Ihres dominanten Typs befreien.

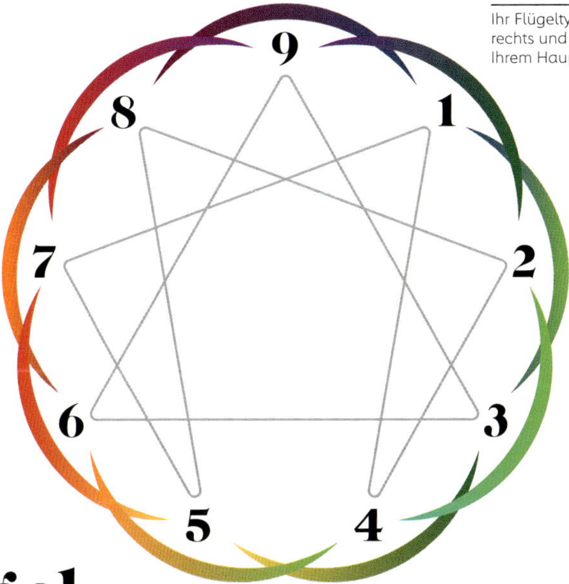

Ihr Flügeltyp ist derjenige rechts und links neben Ihrem Haupttyp.

Flügel

Ihr Flügeltyp ist die Zahl direkt neben Ihrem dominanten Typ, je nachdem, zu welchen Zügen eines Typs Sie mehr neigen. Zum Beispiel hat ein Zweiertyp entweder den Flügeltyp 1 und dann mehrere Ähnlichkeiten mit diesem Typ, oder einen Flügeltyp 3 und mehrere Ähnlichkeiten mit diesem.

Vielleicht neigen Sie im ersten Teil Ihres Lebens eher zu dem einen Flügel und in späteren Jahren eher zu dem anderen. Ihr Flügeltyp nuanciert Ihren dominanten Typ und die Art, wie Sie Ihre Persönlichkeit ausdrücken. Daher ist seine Betrachtung hilfreich, um sich die eigene Persönlichkeit bewusst zu machen und zu verstehen. Ihr Flügeltyp kann auch mehr Stabilität verleihen, denn man kann auf dessen Perspektiven und Handlungsmuster zurückgreifen, um sich auszubalancieren und geerdet zu bleiben.

Das Enneagramm zur Selbstermächtigung nutzen

- **Nehmen Sie sich zur Identifizierung Ihres dominanten Typs so viel Zeit, wie Sie brauchen.** Manche führen das Quiz durch und finden sofort Ihren Typ. Andere brauchen mehr Zeit für ehrliche Selbstreflexion und -erkundung. Das Gute ist, dass der Weg zum Herausfinden seines Typs an sich schon heilend und wachstumsfördernd sein kann.
- **Lesen Sie alle neun Typbeschreibungen durch, nicht nur den eigenen.** Indem man durch die Brille jeder der neun Perspektiven schaut, erlangt man hilfreiche Einsichten für sich. Das Erkennen, warum Menschen sich auf bestimmte Art verhalten, erweitert die eigene Fähigkeit, Verständnis für das Denken, Fühlen und Verhalten anderer zu entwickeln.
- **Beobachten Sie Ihre Handlungen.** Während man das Enneagramm kennenlernt, sollte man sein eigenes Verhalten im Laufe des Tages beobachten. Halten Sie inne und fragen Sie sich, warum Sie gerade etwas Bestimmtes tun. Selbstbeobachtung ist sehr wichtig, um das Enneagramm zur Selbstermächtigung zu nutzen.
- **Betrachten Sie das ganze Spektrum Ihrer Persönlichkeit.** Bedenken Sie nicht nur Ihre Stärken oder nur Ihre Schwächen. Zur Selbstermächtigung muss man alle positiven und alle negativen Züge gleichermaßen berücksichtigen.
- **Gehen Sie den Lernprozess mit Demut und Selbstmitgefühl an.** Bleiben Sie offen, um Verhaltensmuster zu erkennen, die Sie oder andere verletzen könnten. Bei Selbstermächtigung geht es darum, die Verantwortung für seine ganze Person zu übernehmen – nicht darum, sich selbst in einem besseren Licht darzustellen. Aber empfinden Sie neben Demut auch Mitgefühl mit sich selbst. Das eröffnet Ihnen die Möglichkeit zum Wachsen.

EIN WORT ZUR VORSICHT

- Seien Sie während Ihres Lernprozesses freundlich mit sich selbst, denn Sie werden möglicherweise Dinge über sich erfahren, die Ihnen gar nicht gefallen, und das kann verletzen. Seien Sie geduldig und verständnisvoll mit sich selbst, wenn Sie sich niedergeschlagen fühlen. Jedes Wachstum geht mit Wachstumsschmerzen einher.
- Konzentrieren Sie sich auf Ihr eigenes Wachstum und Ihre Selbststärkung. Sie können nur sich selbst verändern. Andere Menschen können Sie nicht verändern.
- Sie sind einzigartig und vielschichtig, und nichts kann Sie umfassend beschreiben. Daher wird es bei Ihrer Enneagramm-Zahl Aspekte geben, die nicht auf Sie zutreffen. Wählen Sie, was hilfreich ist, und ignorieren Sie den Rest.
- Teilen Sie anderen nicht deren Typ mit. Das kann verletzen, weil der Typ auf tiefen Ängsten und Unsicherheiten beruht. Vielleicht werden andere neugierig auf das Enneagramm, wenn ihnen die Stärkung Ihrer Persönlichkeit auffällt. Aber wenn andere ihren eigenen Typ kennen möchten, werden sie das selbst herausfinden müssen.
- Das Finden Ihres Enneagramm-Typs gibt Ihnen das Gefühl, so gesehen und verstanden zu werden, wie Sie sind. Das ist eins der schönsten Dinge daran. Unterscheiden Sie aber bewusst, wer Sie jetzt sind und wer Sie in Zukunft sein wollen. Verharren Sie nicht in Ihrer jetzigen Persönlichkeit und benutzen Sie diese nicht als Ausrede, Ihre jetzigen Muster beizubehalten. Niemand ist dafür gemacht, so zu bleiben, wie er ist. Wir alle sollten lernen, stetig zu wachsen und besser zu werden.

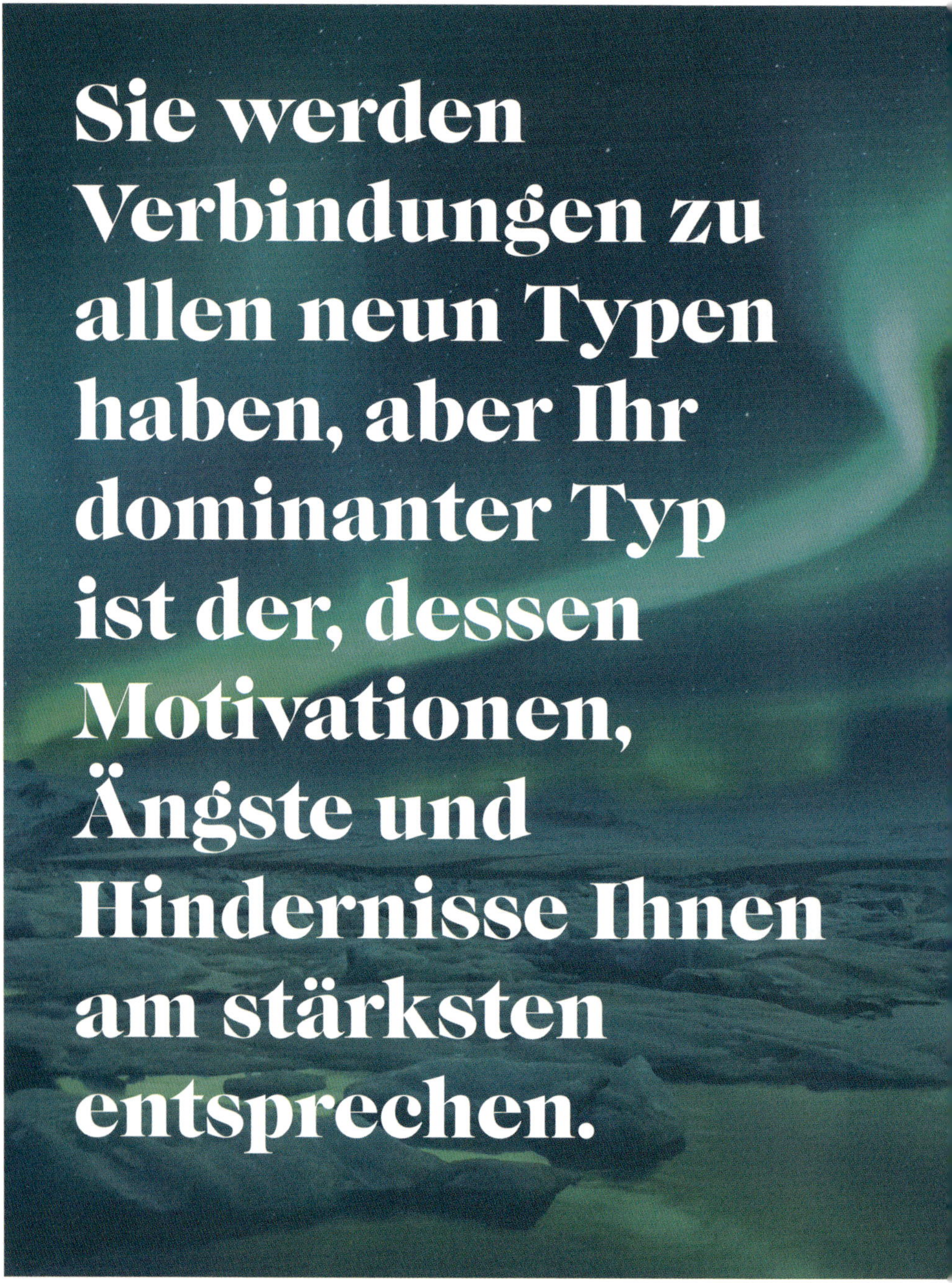

Sie werden Verbindungen zu allen neun Typen haben, aber Ihr dominanter Typ ist der, dessen Motivationen, Ängste und Hindernisse Ihnen am stärksten entsprechen.

Wie Sie Ihren Enneagramm-Typ finden

1. Machen Sie das Quiz auf der folgenden Doppelseite und notieren Sie Ihre drei höchsten Punktzahlen. Wahrscheinlich ist einer davon Ihr dominanter Enneagramm-Typ, aber um sicher zu sein, müssen Sie alle Typenbeschreibungen lesen.

2. Beim Lesen der Typenbeschreibungen hören Sie auf Ihr Bauchgefühl, das sagt »Dies beschreibt, wie es ist, ich zu sein!« Um Ihren Typ zweifelsfrei herauszufinden, müssen Sie dies bei allen neun Beschreibungen tun und deren Lebenserfahrung mit Ihrer eigenen vergleichen. Ehrliche Selbstbetrachtung ist die Kernkompetenz hierfür.

3. Ihr Typ wird nicht von Ihrem tatsächlichen Verhalten bestimmt, sondern von dem, was hinter Ihrem Verhalten steht: Ihre Ängste, Ihre Motivationen und Ihre Wünsche. Sie haben Züge mit anderen Zahlen gemein, aber nur ein Typ wird die prägendsten Elemente Ihrer Lebenserfahrung ansprechen: Das ist Ihr dominanter Typ.

Welcher ist Ihr Typ?

Dieses Quiz hilft beim Herausfinden Ihres dominanten Enneagramm-Typs. Es gibt Ihnen Hinweise auf Ihren Typ, aber betrachten Sie das Ergebnis unter Vorbehalt. Wenn Sie mehr über jeden Typ gelesen haben, merken Sie vielleicht, dass Sie doch ein anderer Typ sind, als gedacht.

Schreiben Sie neben jede Aussage Ihre Punktzahl und addieren Sie dann die Punkte. Eine der Zahlen neben den drei höchsten Ergebnissen ist wahrscheinlich die Ihres Enneagramm-Typs.

AUF EINER SKALA VON 0 BIS 5, WIE SEHR KLINGT JEDE AUSSAGE WIE SIE?

0 **GAR NICHT** WIE ICH — **SEHR STARK** WIE ICH 5

1	2	3
☐ Ich bin ein Perfektionist.	☐ Menschliche Beziehungen bedeuten mir alles.	☐ Ich arbeite hart und bin sehr effizient.
☐ Ich denke immer, ich hätte es besser machen können.	☐ Ich kann Menschen verstehen und ihre Gefühle erspüren.	☐ Ich bin wandlungs- und anpassungsfähig.
☐ Es gibt eine richtige und eine falsche Art, die Dinge zu erledigen.	☐ Ich helfe anderen Menschen sehr gern.	☐ Ich bin gefasst und cool.
☐ Ich fürchte, dass ich nicht gut genug bin.	☐ Ich habe Angst, zurückgewiesen oder nicht gemocht zu werden.	☐ Scheitern ist hart für mich. Ich möchte beeindrucken.
☐ Ich kann streng und kritisch sein.	☐ Manchmal bin ich übermäßig unselbstständig und abhängig.	☐ Ich fürchte, ich bin ein Schwindler oder Angeber.
☐ **Insgesamt** 1	☐ **Insgesamt** 2	☐ **Insgesamt** 3

- [ ] Im Herzen bin ich ein Romantiker.
- [ ] Ich bin sehr kreativ.
- [ ] Ich bin empfindsam und emotional.
- [ ] Ich bin oft eifersüchtig oder missmutig.
- [ ] Ich habe große Angst, unbedeutend zu sein.
- [ ] **Insgesamt** **4**

- [ ] Ich recherchiere, bevor ich etwas Neues probiere.
- [ ] Ich verbringe gern Zeit allein.
- [ ] Ich bin oft still und zurückgezogen. Emotionen zeige ich nur wenige.
- [ ] Ich hasse es, mich inkompetent oder dumm zu fühlen.
- [ ] Manchmal bin ich kalt und gefühllos.
- [ ] **Insgesamt** **5**

- [ ] Ich bin intuitiv und fürsorglich.
- [ ] Ich bin loyal und ein gutes Teammitglied.
- [ ] Ich bin skeptisch und vertraue nicht leicht.
- [ ] Ich habe Angst, falsche Entscheidungen zu treffen.
- [ ] Ich mache mir mehr Sorgen als die meisten Leute.
- [ ] **Insgesamt** **6**

- [ ] Ich bin ein Optimist.
- [ ] Ich bin spontan und enthusiastisch.
- [ ] Ich liebe neue und aufregende Erfahrungen.
- [ ] Ich denke nicht gern an schmerzliche Emotionen. Lieber mache ich schnell weiter.
- [ ] Ich kann zerstreut und unorganisiert sein.
- [ ] **Insgesamt** **7**

- [ ] Ich bin zäh und widerstandsfähig.
- [ ] Ich bin zuversichtlich und durchsetzungsstark.
- [ ] Tief drinnen fürchte ich, dass man mich belügt oder betrügt.
- [ ] Ich vermeide unbedingt, kontrolliert zu werden.
- [ ] Manchmal bin ich aggressiv und dominant.
- [ ] **Insgesamt** **8**

- [ ] Ich gehe eher Kompromisse ein als Konflikte auszutragen.
- [ ] Ich kann dem Standpunkt von jedem etwas abgewinnen.
- [ ] Ich bin locker und flexibel.
- [ ] Ich hasse die Vorstellung, dass Leute sauer auf mich sind.
- [ ] Ich bin oft vergesslich und unmotiviert.
- [ ] **Insgesamt** **9**

Konzentrieren Sie sich auf Ihr eigenes Wachstum und Ihre Selbststärkung. Sie können nur sich selbst verändern. Andere können Sie nicht verändern.

Die Enneagramm-Typen kennenlernen

Achten Sie beim Durchlesen der neun Typbeschreibungen darauf, ob Sie sich dabei unwohl oder peinlich berührt fühlen oder gar ärgerlich werden. Oft ist gerade das ein Zeichen dafür, dass Sie Ihren persönlichen Typ gefunden haben.

Bedenken Sie, welcher Typ Sie in Ihren jüngeren Jahren am besten beschreibt. Man hat sein ganzes Leben lang den gleichen Typ, aber manchmal ist er ausgeprägter, wenn man jung und noch weniger gehemmt ist. Berücksichtigen Sie Ihr jetziges Verhalten, aber auch Ihr damaliges.

Sie werden mit allen neun Typen etwas gemeinsam haben. Während Charakterzüge (zum Beispiel kontaktfreudig oder selbstsicher) für Ihren Typ eine Rolle spielen können, bestimmen oberflächliche Elemente Ihrer Persönlichkeit Ihren Typ nicht. Ihr dominanter Typ ist derjenige, dessen zugrundeliegende Motivationen, Ängste und Hindernisse den Ihren am nächsten kommen.

Überlegen Sie, welche größten Unsicherheiten, Mängel und Stärken Ihre engsten Freunde oder Familienmitglieder Ihnen zuordnen würden. Die Meinung von Menschen, die Sie schon lange kennen, kann Ihren Blick auf sich selbst schärfen.

Manche finden ihren Typ recht schnell, für andere ist es eine längere Erkundungsreise, die mehr Selbstreflexion und -beobachtung erfordert. Seien Sie geduldig mit sich und nehmen Sie sich so viel Zeit, wie Sie brauchen.

Typ 1

DER VISIONÄR

IDEALISTISCH
GEWISSENHAFT
VERANTWORTUNGS-BEWUSST
KRITISCH
ZIELSTREBIG
VERNÜNFTIG
PERFEKTIONISTISCH
ORDENTLICH
KONTROLLIERT
PRINZIPIENTREU

Typ 1 möchte sich selbst, andere Menschen und sein Umfeld besser machen. Er sieht die Welt nicht nur als das, was sie ist, sondern als das, was sie sein könnte und sollte. Und er möchte, dass alles, womit er zu tun hat, dem höchstmöglichen Standard entspricht. Als Visionär bringt er oft Neues ein.

Einser tendieren dazu, Regeln gewissenhaft zu befolgen, und legen oft Wert auf ein gutes Image. Sie haben hohe moralische Ansprüche und sehen die Welt in klaren, schwarz-weißen Kategorien. Manchmal verhalten sie sich wertend, sind aber mit sich selbst durchweg strenger als mit anderen.

Im Kopf eines Typ 1 ist eine strenge Stimme vernehmbar, die sie ständig für das kritisiert, was sie noch besser machen könnten. Sie haben Mühe mit ihrem Perfektionismus und leben in der Angst, Fehler zu machen. Da niemand (nicht einmal sie selbst) ihren Standards entsprechen kann, ist das Haupthindernis für Typ 1, sich selbst und anderen gegenüber gereizt und ungnädig zu sein.

Was der Einser über sich selbst sagt:

»Ich bin verantwortungsbewusst und zuverlässig.«

»Ich schätze es, wenn die Dinge präzise und ordentlich sind.«

»Ich sorge dafür, dass alles gut erledigt wird. Darauf kann man sich verlassen.«

»In meinem Kopf gibt es eine Stimme, die mir immer sagt, was ich noch besser machen könnte.«

»Man hat mir gesagt, dass ich ein Perfektionist sei und mal locker lassen soll.«

»Auf meinen Schultern lastet viel Verantwortung, denn ich möchte niemanden enttäuschen.«

»Ich bemühe mich, freundlich und aufrichtig zu sein.«

»Es ärgert mich, wenn Leute nachlässig sind und Ausreden vorschieben. Ich bin frustriert, wenn andere sich nicht genauso viel Mühe geben wie ich.«

»Ich gebe gute Ratschläge. Man kann darauf bauen, dass ich eine vernünftige Meinung habe.«

»Ich bin streng mit mir selbst und kann schlecht entspannen.«

»Ich kann Dinge verbessern, seien es Ideen, Pläne, Veranstaltungen, Entwürfe oder auch Grammatik.«

»Manchmal findet man mich wertend und grob.«

Haupt-motivationen:

Alles gut zu machen und recht zu haben.

Respektiert zu werden.

Gut zu sein.

Hauptängste:

Ich werde es vermasseln.

Mit mir stimmt etwas nicht.

Ich bin nicht gut genug.

Haupthinder-nisse:

Ärger und Groll

Gereiztheit und passive Aggression

Perfektionismus und Kontrollsucht

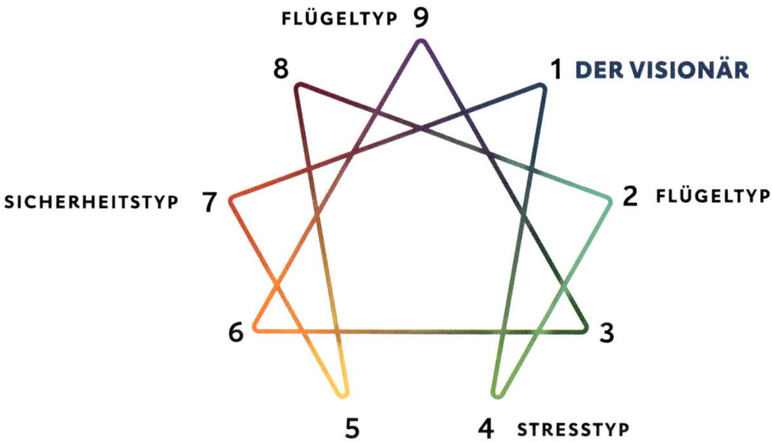

Flügeltyp: 9 oder 2

Ihr Flügeltyp ist die Neun oder die Zwei, je nachdem, welcher sich mehr wie Sie anfühlt. Diese Zahl beschreibt genauer, wie Sie handeln und sich ausdrücken.

Stresstyp: 4 Sicherheitstyp: 7

Wenn Sie gestresst oder nicht gesund sind, nehmen Sie Charakterzüge von Typ 4 an. Aber wenn Sie sich sicher und gesund fühlen, nehmen Sie Züge der Sieben an.

Wachstum ist möglich

- **Bedenken Sie: Niemand verlangt, dass Sie perfekt sind.** Sie müssen verstehen, dass Dinge fehlerhaft und doch gut sein können. Etwas kann durchaus anders verlaufen als geplant, nicht genauso, wie es sein sollte. Und Sie können unvollkommen sein und genau so akzeptiert werden, wie Sie sind.
- **Befreien Sie sich von dem Zwang, dass Sie verantwortlich für das Verhalten anderer sind.** Sie können keine Entscheidungen für andere treffen. Sie können nur entscheiden, wie Sie auf andere reagieren.
- **Bleiben Sie bei Meinungsverschiedenheiten zurückhaltend.** Meist gibt es viele Standpunkte, und Sie haben nicht immer den besten. Erkennen Sie das mit Erleichterung, denn es macht Sie menschlich. Und es erlaubt Ihnen, Fehler zu machen oder sich zu irren.
- **Akzeptieren Sie sich freundlich und verständnisvoll, so wie Sie jetzt sind.** Wenn wir uns sicher und geliebt fühlen, haben wir mehr Möglichkeiten zu wachsen. Beginnen Sie damit, sich selbst anzunehmen. Sie sind schon jetzt ein wertvoller Mensch und müssen sich Liebe und Anerkennung nicht erst verdienen.
- **Lösen Sie sich von der Vorstellung, dass Gefühle gut oder schlecht sind.** Menschlich zu sein, bedeutet zu fühlen. Lassen Sie Ihre Wut zu, sie hat einen Grund. Geben Sie ihr auf gesundem Wege Ausdruck (Tagebuch, Therapie usw.), sonst äußert sie sich entweder verletzend oder verfestigt sich in Ihnen zu Bitterkeit.

Typ 2 DER VERBINDLICHE

KONTAKTFREUDIG
GROSSZÜGIG
EINFÜHLSAM
GEFÄLLIG
CHARMANT
LIEBEVOLL
UNTERSTÜTZEND
FÜRSORGLICH
INTUITIV
BESITZERGREIFEND

Die Welt von Typ 2 dreht sich um Beziehungen. Er wird der Verbindliche genannt, weil seine primäre Motivation ist, Beziehungen aufzubauen und aufrechtzuerhalten. Die Zwei hat einen sechsten Sinn für die Bedürfnisse und Gefühle anderer. Sie ist liebevoll, unterstützend und fürsorglich.

Die freundliche und charmante Natur der Zwei hilft ihr, Freunde zu gewinnen. Typ 2 kümmert sich oft so sehr um andere, dass er seine eigenen Bedürfnisse vernachlässigt. Er ist meist großzügig mit seiner Zeit, Energie, seinen Ideen und Ressourcen. Wenn er findet, dass er mehr gibt, als er erhält, fühlt sich Typ 2 oft ausgenutzt.

Das Haupthindernis von Typ 2 ist übermäßige Abhängigkeit und Manipulation. Er kümmert sich um andere mit dem Ziel, im Gegenzug gemocht zu werden. Er liebt in der Hoffnung, geliebt zu werden. Angetrieben von der Angst, nicht gemocht zu werden, kümmern sich Zweier übertrieben um andere, damit sie gebraucht werden.

Was der Zweier über sich selbst sagt:

»Beziehungen gehen mir über alles.«

»Ich merke leicht, was andere brauchen. Aber ich weiß oft nicht, was ich selbst brauche.«

»Ich helfe anderen gern, Probleme zu lösen, Entscheidungen zu treffen, eine Enttäuschung zu verkraften – egal wobei.«

»Ich spüre, was andere fühlen. Zwischenmenschliche Hinweise zu lesen, ist meine Superkraft.«

»In Beziehungen gebe ich mehr, als ich bekomme. Ich gebe mir viel Mühe und bin enttäuscht, wenn ich nicht das Gleiche zurückbekomme.«

»Jemandem nahe und mit ihm verbunden zu sein, ist das Beste überhaupt.«

»Ich mache sehr gern Geschenke und freue mich, wenn ich genau das Richtige ausgewählt habe.«

»Wenn jemand gestresst oder verärgert ist, fühle ich mich schuldig oder dafür verantwortlich, seine Stimmung zu verbessern.«

»Ich kann schlecht nein sagen. Andere meinen, dass ich manchmal ausgenutzt werde, weil ich Bitten so bereitwillig nachkomme.«

»Ich liebe vertrauliche Gespräche und genieße es sehr, mich mit anderen tief verbunden zu fühlen.«

»Manchmal bin ich so damit beschäftigt, anderen beim Erreichen ihrer Ziele zu helfen, dass ich darüber meine eigenen aus dem Blick verliere.«

»Für mich ist es wichtig, dass ich aufrichtig geliebt und gebraucht werde.«

Hauptmotivationen:

Tiefe Beziehungen zu haben.

Gebraucht und geschätzt zu werden.

Gewollt und geliebt zu werden.

Hauptängste:

Nicht gemocht zu werden.

Zurückgewiesen und verlassen zu werden.

Allein zu sein.

Haupthindernisse:

Emotionale Verweigerung und Selbstvernachlässigung

Übertriebene Abhängigkeit

Anderen gefällig sein.

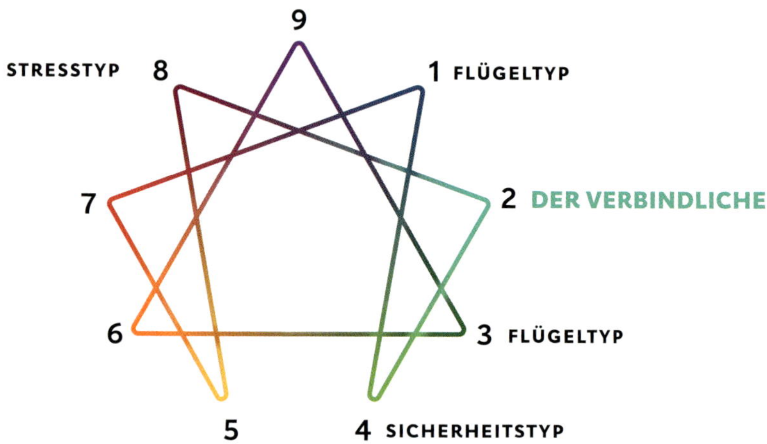

Flügeltyp: 1 oder 3

Ihr Flügeltyp ist die 1 oder die 3, je nachdem, welcher sich mehr wie Sie anfühlt. Diese Zahl beschreibt genauer, wie Sie handeln und sich ausdrücken.

Stresstyp: 8 Sicherheitstyp: 4

Wenn Sie gestresst oder nicht gesund sind, nehmen Sie Charakterzüge von Typ 8 an. Aber wenn Sie sich sicher und gesund fühlen, nehmen Sie Züge der Vier an.

Wachstum ist möglich

- **Sorgen Sie ganz bewusst für sich selbst und Ihre körperliche, mentale und spirituelle Gesundheit.** Je liebenswerter Sie sich finden, desto geliebter (und liebenswerter) werden Sie sich fühlen und desto mehr werden Sie andere von einer Basis der Stärke und Sicherheit aus lieben, anstatt aus Angst und Bedürftigkeit.
- **Fühlen Sie sich selbst liebenswert, bevor Sie Liebe anbieten.** Sie sind frei, Ihre Liebe zu geben. Es ist keine Verpflichtung.
- **Lernen Sie, Ihre Bedürfnisse zu erkennen und mitzuteilen** (Essen, Ruhe, Sicherheit, emotionale Unterstützung, erfüllte Zeit usw.). Lernen Sie, Ihre Bedürfnisse zu befriedigen. Falls nötig, bitten Sie um Unterstützung, sonst werden Sie dafür auf passiv-aggressive Methoden zurückgreifen, was am Ende Sie und andere verletzen wird.
- **Finden Sie die Grenzen zwischen sich und anderen.** Durch Ihre Empathie für andere verschwimmen diese Grenzen manchmal. Fragen Sie sich: Welche Entscheidungen müssen die anderen treffen und welche ich? Welche Gefühle oder Probleme sind ihre und welche meine? Wenn Sie sich durch eine Beziehung ausgebeutet fühlen, ziehen Sie klare Grenzen. Übernehmen Sie Verantwortung für Ihre persönlichen Angelegenheiten und lassen Sie die der anderen los.
- **Entscheiden Sie, worum es in Ihrem Leben geht, und laden Sie dann andere ein, sich zu Ihnen zu gesellen.** Wenn Sie sich in Ihrem Leben wohlfühlen, wird es Menschen geben, die es mit Ihnen teilen wollen. Sie brauchen niemanden zu überzeugen, bei Ihnen zu bleiben, indem Sie einen Platz in dessen Leben beanspruchen. Sie müssen sich von der Vorstellung lösen, dass Sie die Kontrolle darüber haben, ob andere Menschen bleiben oder gehen.

Typ 3

DER LEUCHTENDE

MOTIVIERT
ANPASSUNGSFÄHIG
EINDRUCKSVOLL
EITEL
SELBSTBEWUSST
KÄMPFERISCH
PRODUKTIV
HART ARBEITEND
LEGT VIEL WERT AUF SEIN AUSSEHEN
VOLLER ENERGIE
ERFOLGREICH

Typ 3 sieht die Welt durch die Leistungs- oder Erfolgsbrille. Er hat hohe Ansprüche und erreicht meist, wofür er arbeitet. In seinem sozialen Umfeld ist er oft beliebte Leitfigur und wird wegen seiner beeindruckenden und charismatischen Natur der Leuchtende genannt.

Die Drei ist tatkräftig, produktiv, erfolgsorientiert und bereit, den für den Erfolg nötigen Einsatz zu erbringen. Dreier sind ehrgeizig, sorgfältig und schöpfen ihr ganzes Potenzial aus. Oft haben sie die Gabe, andere zu inspirieren und ihnen zu helfen, ebenfalls ihr Bestes zu geben.

Trotz ihres zur Schau getragenen Selbstvertrauens wird die Drei von der Angst getrieben, die Liebe und Akzeptanz nicht zu verdienen. Sie meint, bestimmte Eigenschaften haben zu müssen, um einen Platz in der Welt und in ihren Beziehungen einzunehmen. Die Hindernisse für die Drei sind emotionale Unehrlichkeit und Oberflächlichkeit. Um etwas zu gelten, kann die Drei sich sehr kompetitiv verhalten, schauspielern und unechte Züge annehmen.

Was der **Dreier** über sich selbst sagt:

»Ich bin fleißig und effizient. Ich habe immer eine To-do-Liste im Kopf.«

»Ich kann mein Auftreten ändern, um mich verschiedenen Gruppen oder Situationen anzupassen.«

»Ich behalte meine höchsten Ziele und Ansprüche für mich. So merkt niemand, wenn ich scheitere.«

»Ich motiviere gern andere, damit diese ihr Bestes geben.«

»Ich bin anpassungsfähig. Wo man mich auch einsetzt, ich kann strahlen oder mich zumindest einfügen.«

»Manchmal vermisse ich wichtige persönliche Momente, weil ich so auf die Arbeit an der nächsten Sache konzentriert bin. Ich weiß, dass das andere verletzen kann.«

»Ich suche immer nach Möglichkeiten, wie ich attraktiver, ein besserer Partner oder Freund oder produktiver bei der Arbeit sein kann.«

»Ich arbeite unglaublich hart.«

»Ich bin gut darin, etwas vorzutäuschen, deswegen bin ich oft unsicher, ob ich etwas kann. Ich fürchte, als Betrüger oder Hochstapler entlarvt zu werden.«

»Man hat mir schon gesagt, dass ich unaufrichtig erscheine.«

»Meistens bin ich die am besten angezogene und zielstrebigste Person im Raum.«

»Ich möchte unbedingt bei allem, was ich tue, Erfolg haben.«

Haupt-motivationen:

Erfolgreich und beeindruckend zu sein.

Begehrt und bewundert zu werden.

Sich liebenswert zu fühlen.

Hauptängste:

Ich werde scheitern und andere enttäuschen.

Man findet mich inkompetent.

Ich werde wertlos sein.

Haupt-hindernisse:

Emotionale Unehrlichkeit

Oberflächlichkeit

Tendenz zum Workaholic

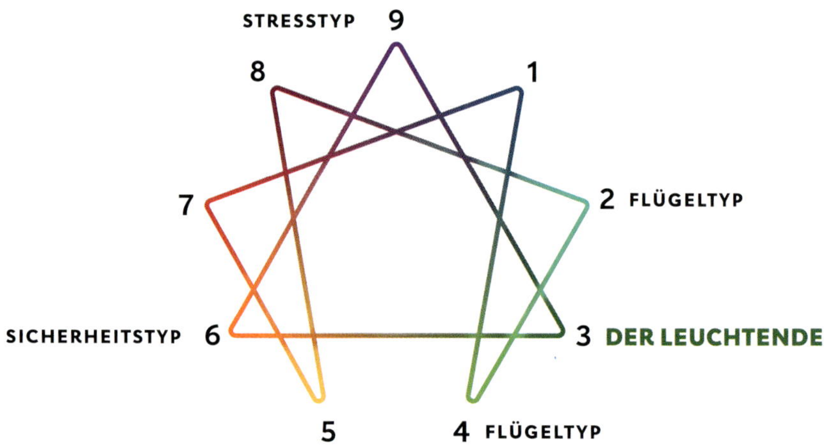

Flügeltyp: 2 oder 4

Ihr Flügeltyp ist die 2 oder die 4, je nachdem, welche sich mehr wie Sie anfühlt. Diese Zahl beschreibt genauer, wie Sie handeln und sich ausdrücken.

Stresstyp: 9
Sicherheitstyp: 6

Wenn Sie gestresst oder nicht gesund sind, nehmen Sie Charakterzüge von Typ 9 an. Aber wenn Sie sich sicher und gesund fühlen, nehmen Sie Züge der Sechs an.

Wachstum ist möglich

- **Lernen Sie, wie wichtig Stille und Ruhephasen sind.** Nehmen Sie sich bewusst Zeit, einfach nur Sie selbst zu sein – ohne Telefon und elektronische Geräte, ohne Plan und Terminkalender. Beobachten Sie, was in der Stille passiert.
- **Erweitern Sie Ihr emotionales Vokabular.** Identifizieren und benennen Sie dann Ihre eigenen Gefühle und die von anderen. Dafür müssen Sie innehalten. Gefühle verbinden Sie tiefer mit anderen und auch mit Ihrer eigenen Persönlichkeit. Dadurch kann viel existenzieller Stress gemindert werden.
- **Machen Sie sich klar, dass Sie es bereits wert sind, hier zu sein und geliebt zu werden.** Ihre Existenz hat einen Sinn. Sie müssen sich nicht das Recht verdienen, hier zu sein. Führen Sie Ihr Leben in dem Bewusstsein, dass Sie es wert sind, akzeptiert und gemocht zu werden, ohne irgendetwas erreicht zu haben. Dann strahlen Sie eine natürliche Authentizität aus, denn Sie müssen nichts mehr beweisen.
- **Gehen Sie dorthin, wo Sie nicht als der Leuchtende gelten.** Suchen Sie Herausforderungen. Wachstum und Heilung geschehen außerhalb Ihrer Komfortzone.
- **Finden Sie heraus, wer Sie ohne die Dinge sind, die Sie am stolzesten machen.** Wer sind Sie, wenn Sie Ihre wertvollsten Leistungen oder Besitztümer ausklammern? Wer sind Sie außerhalb ihrer leuchtenden Rollen? Eine Therapie oder eine Vertrauensperson können helfen, Ihre Identität jenseits Ihres Erfolgs zu formulieren. Erfolge können verblassen oder aberkannt werden, Sie brauchen jedoch einen bleibenden Anker in Ihrem Innern.

Typ 4
DER KÜNSTLER

SENSIBEL
AUTHENTISCH
AUSDRUCKSSTARK
REFLEKTIERT
SANFT
KREATIV
LAUNISCH
SELBSTBEWUSST
EMOTIONAL
MITFÜHLEND

Die Vier sieht die Welt durch den Filter ihrer Emotionen. Die sensible, melancholische und kreative Vier wünscht sich ein Leben, das einzigartig und reich an Bedeutung ist. Mit einem Blick für Schönheit sind Vierer oft künstlerisch oder ästhetisch begabt.

Die empathische, mit einem zarten Gemüt ausgestattete Vier hat die Begabung, sowohl in den helleren als auch den dunkleren Seiten des Lebens Bedeutung zu finden. Vierer werden von ihren eigenen Emotionen gesteuert und lassen sich von ihnen leicht in die romantische und stürmische Welt in ihrem Innern ziehen.

Auch wenn Vierer sich ein Image zulegen, einzigartig und besonders zu sein, sind sie oft von der Angst getrieben, nicht zu wissen, wer sie wirklich sind. Sie möchten bedeutungsvoll und individuell sein und haben hohe Ansprüche an das Leben. Derweil sorgen sie sich, dass ihnen etwas fehlt. Ihre Haupthindernisse sind Eifersucht und Undankbarkeit: Sie vermuten, dass andere etwas haben, das sie nicht haben, und in ihrer Sehnsucht nach immer mehr vergessen sie, die Gegenwart zu genießen.

Was der Vierer über sich selbst sagt:

»Ich sehe die Dinge selten nur schwarz oder weiß.«

»Ich bin gut darin, die Dinge schön und bedeutungsvoll zu machen.«

»Ich habe das Gefühl, dass mir das Puzzleteil im Leben fehlt, mit dem ich zur Ruhe kommen könnte.«

»Ich bin gefühlvoll und kreativ und ich habe sehr viel Fantasie.«

»Authentizität ist mir wichtig. Mir ist lieber, dass jemand ehrlich ist, als dass er perfekt tut.«

»Ich bin sensibel und gefühlsstark. Ein Gefühl kann mit einem Mal meinen ganzen Körper beherrschen.«

»Ich neige zur Melancholie, liebe zum Beispiel traurige Musik oder eine dramatische Wolkenlandschaft.«

»Man hat mir schon gesagt, dass ich zu dramatisch bin.«

»Ich romantisiere alles. Ich kann total berührt sein von einem Lied, einem Film, einer Unterhaltung oder sogar von einem Besuch im Lebensmittelladen.«

»Ich bin sicher, dass andere im Leben ein Maß an Zufriedenheit erreicht haben, das mir noch fehlt.«

»Ich denke zu viel darüber nach, wie andere mich sehen. Ich glaube, ich reflektiere alles viel intensiver als andere.«

»Ich fühle mich häufig missverstanden.«

Hauptmotivationen:

Eine einzigartige Persönlichkeit zu sein.

Ein bedeutungsvolles Leben zu führen.

Geliebt und verstanden zu werden.

Hauptängste:

Ich bin nicht sicher, wer ich wirklich bin.

Ich bin gewöhnlich und unbedeutend.

Ich werde nie als der geliebt werden, der ich bin.

Haupthindernisse:

Beschäftigung mit sich selbst

Emotionale Unruhe

Eifersucht und Undankbarkeit

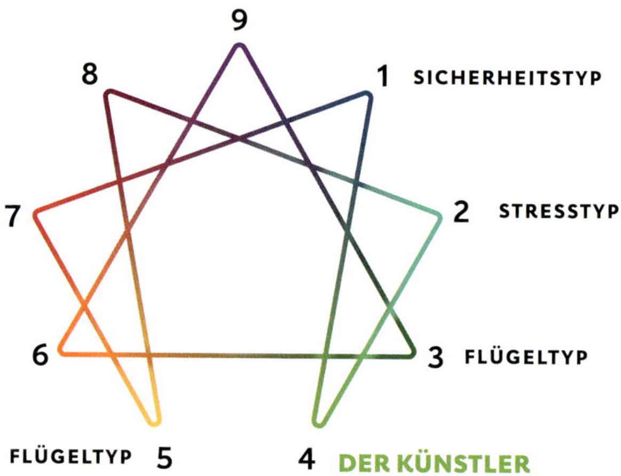

Flügeltyp: 3 oder 5

Ihr Flügeltyp ist die 3 oder die 5, je nachdem, welcher sich mehr wie Sie anfühlt. Diese Zahl beschreibt genauer, wie Sie handeln und sich ausdrücken.

Stresstyp: 2 Sicherheitstyp: 1

Wenn Sie gestresst oder nicht gesund sind, nehmen Sie Charakterzüge von Typ 2 an. Aber wenn Sie sich sicher und gesund fühlen, nehmen Sie Züge der Eins an.

Wachstum ist möglich

- **Machen Sie sich klar, dass Sie bereits eine vollständige Person sind, der nichts fehlt.** Ihre Einzigartigkeit ist unbestreitbar. Was werden Sie nun tun, da Sie bereits in Gänze und Vollständigkeit existieren?
- **Beobachten Sie sich und fragen Sie: Investiere ich meine Zeit und Energie in mein erdachtes oder mein wirkliches Leben?** Je mehr Sie sich wie die Person verhalten, die Sie sein möchten, desto sicherer werden Sie fühlen, wer Sie sind. Leben Sie nicht in Ihren Gedanken – gestalten Sie aktiv Ihr eigenes Leben, denn Ihr heutiges Handeln erschafft Ihre Zukunft.
- **Geben Sie Emotionen nicht mehr Macht, als ihnen zusteht.** Emotionen sind wichtig, aber letztlich sind sie nur etwas, das Sie erleben. Sie sind identisch mit Ihren Gefühlen, sie sind veränderbar. Emotionen sind eine gefühlte Wahrheit, aber sie reflektieren die Realität nicht immer in zutreffender Weise. Emotionen haben nicht die Macht, Gedanken oder Motive zu lesen und können nicht so viele Aspekte einer Sache erkennen wie Sie. Sie sind viel mehr als Ihre Emotionen.
- **Machen Sie sich bewusst, dass Sie wunderbar komplex und einzigartig sind, aber nicht sonderbar.** Sie gehören hierher und Sie passen hierher. Sie sind hier auf dieser Erde (genau wo Sie sind und genau wie Sie sind), weil Sie dafür gemacht sind.
- **Seien Sie sich bewusst, dass Erfüllung und Zufriedenheit für Sie nur in der Gegenwart stattfinden.** Kein Mensch, keine Situation in der Zukunft kann das leisten. Zufriedenheit liegt nicht auf der Straße vor Ihnen, es ist eine Aufgabe Ihres Innern, Sie müssen sie in sich selbst finden. Aber lassen Sie sich im Streben danach auch helfen.

Typ 5

DER PHILOSOPH

KOPFMENSCH
OBJEKTIV
SELBSTGENÜGSAM
VERNÜNFTIG
DISTANZIERT
KOMPETENT
DISZIPLINIERT
RESERVIERT
UNABHÄNGIG
NACHDENKLICH

Für Typ 5 besteht die Welt aus Informationen. Er beobachtet das Leben und hat die Fähigkeit, alles zu sammeln und zu sortieren und viele Informationen und Ideen abzuspeichern. Fünfer sind rational, diszipliniert und logisch.

Die Fünf lebt in ihrem Kopf: Sie geht das Leben nachdenklich und analytisch an und wird wenig von Emotionen beeinflusst. Mehr als jeder andere Typ genießt die Fünf Zeit für sich allein. Ihre Geselligkeit ist begrenzt. Bei Gruppenaktivitäten beobachtet sie lieber, als aktiv teilzunehmen. Aber ihr verlässliches und bewusstes Naturell macht sie zu treuen Partnern und Freunden.

Fünfer werden von der Angst getrieben, nicht genug zu haben: Nicht genug Fakten zu kennen, um kompetent zu sein, nicht genug Energie für eine Beziehung zu haben und nicht genug Fähigkeiten zu haben, um allein erfolgreich durchs Leben zu gehen. Ihr Haupthindernis ist Geiz. Vor Angst, nicht genug zu haben, halten sie alles fest: Informationen, Ressourcen, Energie und sogar Liebe und Zuneigung.

Was der Fünfer über sich selbst sagt:

»Es macht mir nichts aus, allein zu sein.«

»Ich bin unabhängig und selbstständig und bewundere diese Eigenschaften auch bei anderen.«

»In Gruppen stehe ich nicht im Vordergrund, ich halte ich mich eher zurück und beobachte.«

»Ich bin neugierig und lerne über neue Sachen gern alles, was es gibt.«

»Ich habe nie das Gefühl, für andere genug zu sein. Die Leute brauchen mehr von mir, als ich anzubieten habe.«

»Ich bin objektiv und vernünftig. Ich lasse mich nicht von meinen Emotionen mitreißen.«

»Ich bin oft in Gedanken und denke gründlich nach, bevor ich handele.«

»Mir wurde schon gesagt, ich sei herablassend und unsensibel.«

»Ich schätze meine Privatsphäre und teile Persönliches nicht gern mit anderen.«

»Man hat über mich gesagt, ich sei ein Mauerblümchen, introvertiert oder ein einsamer Wolf.«

»Ich fühle mich oft, als stünde ich außerhalb des Geschehens und würde nur zusehen.«

»Ich bin sparsam und genügsam.«

Hauptmotivationen:

Fähig und kompetent zu sein.

Selbstständig und autonom zu sein.

Genug zu wissen und zu haben.

Hauptängste:

Unzulänglich und inkompetent zu sein.

Man dringt in meine Privatsphäre ein.

Ich habe nicht genug Energie, Liebe, Ressourcen usw.

Haupthindernisse:

Geiz und Eigensucht

Schüchternheit

Gefühl des Mangels

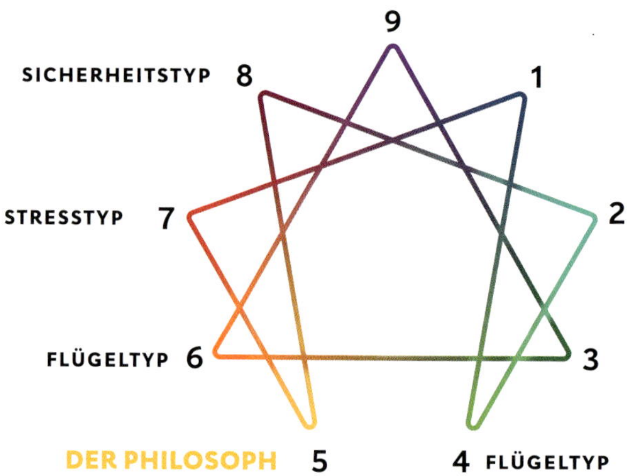

Flügeltyp: 4 oder 6

Ihr Flügeltyptyp ist die 4 oder die 6, je nachdem, welcher sich mehr wie Sie anfühlt. Diese Zahl beschreibt genauer, wie Sie handeln und sich ausdrücken.

Stresstyp: 7 Sicherheitstyp: 8

Wenn Sie gestresst oder nicht gesund sind, nehmen Sie Charakterzüge von Typ 7 an. Aber wenn Sie sich sicher und gesund fühlen, nehmen Sie Züge der Acht an.

Wachstum ist möglich

- **Bedenken Sie, dass Gedanken allein nicht das Leben erschaffen können, das Sie sich wünschen.** Nur Sie können das. Ihr Handeln erschafft Ihr Leben. Wenn Sie zu sehr in Ihrem Kopf leben, tendieren Sie Richtung Körper: Machen Sie etwas Konkretes und treffen Sie Entscheidungen, die Ihre Hoffnungen und Ideen zum Leben erwecken. Ihre Worte, Ihre Kunst, Orte, zu denen Sie reisen, Personen, um die Sie Ihre Arme legen – all dies gestaltet Ihr Leben.
- **Machen Sie sich klar, dass Sie so viel mehr sind als Ihre Gedanken und Ihre Meinungen.** Wie viel Sie auch wissen oder nicht wissen, Sie werden für anderes geliebt und geschätzt.
- **Nehmen Sie wahr, wenn Sie zwanghaft Fakten, Einsichten oder Gegenstände sammeln, um eine innere Leere zu füllen.** Ihr Herz füllt sich nicht vom Konsumieren, sondern vom Verschenken. Sie müssen Ihre Liebe, Mühe und Energie weggeben, um sich voll zu fühlen.
- **Sie wissen bereits genug, um Ihr Leben erfolgreich zu leben.** Selbstvertrauen, Kompetenz oder Fähigkeit erwachsen aus Handeln, nicht aus Denken. Um surfen zu lernen, müssen Sie hinaus ins Wasser und versuchen, auf dem Board zu stehen. Sie müssen es versuchen, scheitern und wieder versuchen. Niemand erwartet, dass Sie etwas können, bevor Sie beginnen, es tatsächlich zu tun. Ihr Vertrauen in das Leben und Ihre Fähigkeiten wächst durch Praxis, nicht durch Theorie.
- **Sie sind mit einem zur Liebe fähigen Herzen geboren, damit Sie Liebe erleben können.** Beziehungen müssen einen nicht zwangsläufig erdrücken oder zu viel von einem verlangen. Bitten Sie im Zweifel darum, dass Ihre Grenzen respektiert werden.

Typ 6

DER ANWALT

LEIDENSCHAFTLICH
VORSICHTIG
LOYAL
STRATEGISCH
FÜRSORGLICH
INTUITIV
BESORGT
ZUVERLÄSSIG
HINGEBUNGSVOLL
SKEPTISCH

Die Sechs sieht die Welt immer unter den Aspekten von Sicherheit versus Bedrohung und achtet sorgfältig darauf, wem sie vertraut. Ihre Hauptmotivation ist es, sich sicher und unterstützt zu fühlen. Sechser-Typen kümmern sich aber auch um die Sicherheit anderer und geben denjenigen loyale und verlässliche Unterstützung, deren Angelegenheiten ihnen am Herzen liegen.

Typ 6 ist ein Teamplayer. Mehr als jeder andere Enneagramm-Typ achtet er auf die Gemeinschaft und möchte eine Lösung, die jedermanns Interessen berücksichtigt. Typischerweise spielt er oft den Anwalt des Teufels oder sucht Fehler, bevor er Entscheidungen trifft. Mit Leidenschaft setzet er sich für die Projekte, Menschen, Institutionen und Werte ein, die ihm wichtig sind.

Die Angst der Sechser ist, nicht die nötige Sicherheit und Führung zu haben, daher sind ihre Haupthindernisse Ängste und Selbstzweifel. Sie sind wachsam und skeptisch, analysieren und planen voraus. So werden sie oft von zu vielen Sorgen geplagt, dass etwas schiefgehen könnte.

Was der Sechser über sich selbst sagt:

»Ich bin eine fürsorgliche Person und ein Freund, auf den man sich verlassen kann.«

»Ich leide oft unter Stress und Sorgen ... viel mehr als andere.«

»Ich bin sehr loyal. Ein Freund kann darauf wetten, dass ich für ihn einstehe und ihm immer eine zweite Chance gebe.«

»Ich möchte immer das, was für alle am besten ist. Ich bin ein guter Vermittler.«

»Ich mache mir Sorgen um die Zukunft.«

»Ich nehme die Dinge ernst und bin ein tiefgründiger Mensch.«

»Nach Fehlern zu suchen ist meine zweite Natur. Oft spiele ich den Advocatus Diaboli.«

»Mit Entscheidungen tue ich mich schwer, ich fürchte immer, die falsche Wahl zu treffen.«

»Ich engagiere mich hundertprozentig für die Dinge, denen ich mich einmal verschrieben habe.«

»Man hat mir schon gesagt, dass ich mehr entspannen und mir nicht so viele Sorgen machen soll.«

»Ich kann nur schwer mein Gehirn abschalten und einfach entspannen.«

»Menschen und Dingen, die mir am Herzen liegen, bin ich leidenschaftlich zugetan.«

Haupt-motivationen:

Sicher zu sein.

Führung und Unterstützung zu haben.

Sich ruhig zu fühlen und den richtigen Weg zu wählen.

Hauptängste:

Ich werde ängstlich und unsicher sein.

Ich werde auf das Falsche vertrauen.

Ich werde die falsche Wahl treffen.

Haupt-hindernisse:

Sorge und Angst

Selbstzweifel

Negative Haltung

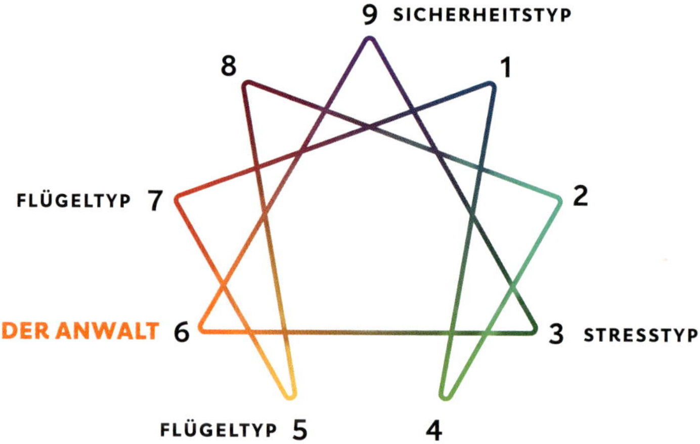

Flügeltyp: 5 oder 7

Ihr Flügeltyp ist die 5 oder die 7, je nachdem, welcher sich mehr wie Sie anfühlt. Diese Zahl beschreibt genauer, wie Sie handeln und sich ausdrücken.

Stresstyp: 3 Sicherheitstyp: 9

Wenn Sie gestresst oder nicht gesund sind, nehmen Sie Charakterzüge von Typ 3 an. Aber wenn Sie sich sicher und gesund fühlen, nehmen Sie Züge der 9 an.

Wachstum ist möglich

- **Entwickeln Sie Selbstvertrauen.** Wenn Sie sich manchmal mehr Mut wünschen, brauchen Sie in Wahrheit Selbstvertrauen. Wie oft waren Sie ängstlich, sind gesprungen und auf den Füßen gelandet? Feiern Sie, wenn Ihnen etwas gelungen ist. Halten Sie fest, wenn Ihnen etwas trotz vorheriger Angst gelungen ist. Versprechen Sie sich selbst Kleinigkeiten und tun dann alles, um dieses Versprechen zu halten. Anstatt sich zu fragen »Bin ich mutig genug, um zu springen?«, sagen Sie »Ich traue mir zu, die Landung zu schaffen.«
- **Lassen Sie mehr Uneindeutigkeit in Ihr Leben.** Nicht auf jede Frage gibt es eine Antwort, und oft gibt es mehr als eine richtige oder mögliche Option. Wichtig ist, dass Sie so oder so die Art Leben führen, die Sie möchten.
- **Es ist in Ordnung, manchmal sorgenvolle Gedanken zu haben, auch wenn es nicht angenehm ist.** Sie sind größer und mächtiger als Ihre Gedanken, selbst wenn sich diese erdrückend anfühlen. Treten Sie dann einen Schritt zurück und sehen Sie sie als das, was sie sind: nur Gedanken. Und Sie sind nicht Ihre Gedanken. Sie sind Sie, und Ihre Gedanken sind nur etwas in Ihrem Kopf.
- **Finden Sie die Menschen in Ihrem Leben, die Ihnen gute Fragen stellen** und nicht noch mehr Antworten geben.
- **Finden Sie Aktivitäten, die Sie aus Ihrem Kopf heraus und in Ihren Körper bringen.** In Ihnen steckt ein Leben voller Erfahrungen, aber Sie müssen Ihren Körper, Ihre Sinne und Ihre Gefühle in Einklang bringen – so entsteht Vertrauen und Weisheit.

Typ 7

DER ENTDECKER

OPTIMISTISCH
ENTHUSIASTISCH
IMPULSIV
ABENTEUERLUSTIG
GUTMÜTIG
SPONTAN
POSITIV
DURCHSETZUNGS-
STARK
LUSTIG
WIDERSTANDSFÄHIG

Typ 7 sieht das Leben insgesamt optimistisch und positiv. Er findet an allem eine helle, gute Seite und bewegt sich wie ein Entdecker durchs Leben – voller Neugier und Verwunderung, immer auf der Suche nach der nächsten aufregenden Neuigkeit. Typ 7 versteht es, das Leben zu genießen. Spontaneität und Abenteuer sind sein Ding.

Siebener sind fantasievoll und draufgängerisch. Sie haben oft neue Ideen und setzen sie um, wobei sie so viel Spaß wie möglich haben wollen. Die Sieben liebt es, über ihre Erlebnisse und Einsichten Geschichten zu erzählen. Wegen ihrer optimistischen und spielerischen Art sind sie sehr belastbar und widerstandsfähig.

Das Haupthindernis der Sieben ist das Vermeiden von Emotionen. Aus Angst vor einem Gefühl der Leere und Einsamkeit möchten sie negative und unangenehme Emotionen nicht wahrhaben. Sie fürchten, von Traurigkeit überwältigt zu werden. So füllen sie jede freie Minute mit Unterhaltung und Ablenkung, was zu Amüsiersucht und der Missachtung der Gefühle und Bedürfnisse anderer führen kann.

Was der **Siebener** über sich selbst sagt:

»Ich bin ein Optimist. Ich finde immer einen Silberstreif am Horizont.«

»Ich liebe ein Leben voller Spaß und Abenteuer. Manchmal macht mich das etwas unbesonnen.«

»Ich bin ständig in Bewegung, aber ich habe nie das Gefühl, genug zu tun.«

»Ich kann schnell Entscheidungen treffen, aber manchmal bin ich zu überstürzt.«

»Sogar mitten in einer Krise oder einer großen Belastung kann ich andere aufrichten und aufheitern.«

»Ich hasse es, mich zu langweilen. Und wenn es doch einmal langweilig wird, bin ich derjenige, der wieder für Schwung sorgt.«

»Für mich sind Spontaneität und Freiheit sehr wichtig.«

»Wenn mal etwas schiefläuft, fahre ich schnell mit meinem Leben fort. Besser nach vorn schauen, als in Traurigkeit zu erstarren.«

»Manchmal sind Leute frustriert, weil ich eine Aufgabe zu eilig oder nachlässig erledige.«

»Ich bin immer auf der Suche nach meinem nächsten Abenteuer oder einer neuen Chance.«

»Manche finden mich oberflächlich, unzuverlässig oder albern. Aber ich nehme eben einfach alles leicht.«

»Mir fällt es schwer, gut organisiert zu sein.«

Haupt-motivationen:

Sich zufrieden und glücklich zu fühlen.

Schmerz und Leiden zu vermeiden.

Umsorgt zu sein.

Hauptängste:

Mich leer und unglücklich zu fühlen.

Von Traurigkeit überwältigt zu werden.

Mich nicht sicher und stabil zu fühlen.

Haupt-hindernisse:

Vermeidung von Emotionen

Impulsivität

Genusssucht

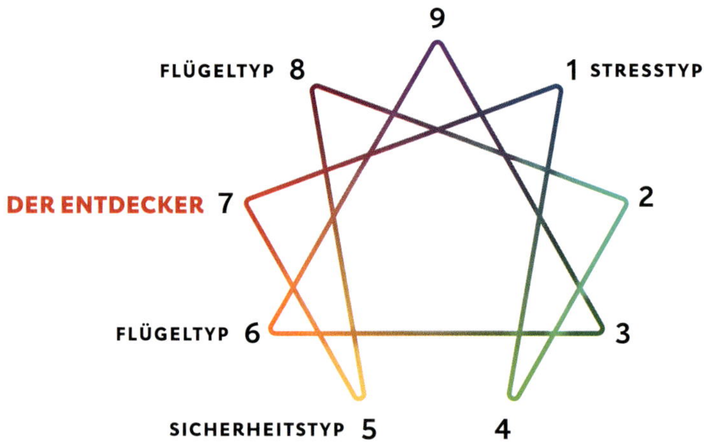

Flügeltyp: 6 oder 8

Ihr Flügeltyp ist die 6 oder die 8, je nachdem, welcher sich mehr wie Sie anfühlt. Diese Zahl beschreibt genauer, wie Sie handeln und sich ausdrücken.

Stresstyp: 1 Sicherheitstyp: 5

Wenn Sie gestresst oder nicht gesund sind, nehmen Sie Charakterzüge von Typ 1 an. Aber wenn Sie sich sicher und gesund fühlen, nehmen Sie Züge der Fünf an.

Wachstum ist möglich

- **Wenn Sie ein unangenehmes Gefühl verspüren, das Sie lieber ignorieren möchten, halten Sie inne** und lassen Sie sich darauf ein. Emotionen sind manchmal schmerzhaft, aber sie gehen immer vorbei, sogar die schlimmsten. Ausgeblendete Gefühle werden Sie verfolgen. Wenn Sie sie annehmen, werden Sie in Zukunft frei davon sein.
- **Lassen Sie sich ganz vom jeweiligen Moment erfüllen.** Nutzen Sie alle fünf Sinne, um all die schönen Einzelheiten im Hier und Jetzt wahrzunehmen.
- **Lernen Sie, sich dem Schmerz zu stellen.** Wenn jemand Ihnen von seinen Sorgen erzählt, versuchen Sie nicht, ihn aufzuheitern oder sein Problem zu lösen. Hören Sie zu und spiegeln Sie ihn: »Du musst wirklich sehr enttäuscht sein.« Der andere fühlt sich verstanden, und Sie lernen, dass Sie stark genug sind, um mit Schmerz umzugehen.
- **Wenn Sie mit dem Konsumieren nicht aufhören können (Essen, Erlebnisse, Ablenkungen usw.), fragen Sie sich, welche Leere Sie eigentlich füllen möchten.** Beschäftigen Sie sich so intensiv mit anderem, weil Sie etwas Schmerzliches in Ihrer Geschichte nicht sehen wollen? Brauchen Sie ständig Trost oder Ablenkung, weil Sie eine Emotion unterdrücken? Welchen Hunger versuchen Sie zu stillen?
- **Wenn es um Negatives im Leben geht, sagen Sie »und« anstatt »aber«.** Also nicht »Ja, das ist passiert, aber es ist in Ordnung«, sondern »Ja, das hat weh getan, und ich weiß, dass ich darüber hinwegkommen werde.«

Typ 8

DER KÄMPFER

SELBSTSICHER
LEIDENSCHAFTLICH
STARK
ENTSCHLOSSEN
KONTROLLIEREND
SCHÜTZEND
UNABHÄNGIG
ENERGISCH
TROTZIG
EHRLICH

Typ 8 bewegt sich mit Tatkraft und einem klaren Bewusstsein der ihn umgebenden Macht durchs Leben. Er spürt, wer die Kontrolle hat und wer kontrolliert wird, wer anständig handelt und wer Schwächere ausnutzt. Achter wollen wissen, wer die Verantwortung trägt, und oft sind sie es selbst.

Die selbstsicheren und starken Achter leben ein intensives Leben, in das sie sich mit Energie und Charisma stürzen. Leidenschaftlich setzen sie sich für das ein, woran sie glauben, und beschützen diejenigen, die sie mögen. Ehrlichkeit und Gerechtigkeit sind für sie höchste Werte. Sie wollen das Leben voll auskosten, daher ist ihr Problem oft, zu viel zu tun, zu viel zu sagen und zu viel zu konsumieren.

Trotz ihrer Stärke haben Achter ein weiches Herz und befürchten, verletzt oder betrogen zu werden. Ihre Haupthindernisse sind Maßlosigkeit und Probleme mit der Beherrschung. Da sie selbst Angst davor haben, verletzt oder kontrolliert zu werden, geben sie sich nach außen stark und blenden ihre zarteren Gefühle aus.

Was der Achter über sich selbst sagt:

»Ich bin widerstandsfähig und stark. Mich kann man nicht brechen.«

»Unabhängigkeit ist mir wichtig. Ich werde nicht gern gegängelt und lasse mir nichts vorschreiben.«

»Wenn ich jemanden mag, möchte ich ihn beschützen.«

»Ich habe ein gutes Bauchgefühl und kann schnelle Entscheidungen treffen.«

»Ehrlichkeit ist wichtig. Ich komme klar mit der Wahrheit und möchte sie offen gesagt bekommen.«

»Ich bin effizient, produktiv und durchsetzungsfähig und ergreife gern die Initiative.«

»Manche fühlen sich von mir überfahren.«

»Manchmal ziehe ich die Führung an mich und übergehe die Meinungen und Gefühle anderer.«

»Ich lebe intensiv – meine Höhen sind hoch und meine Tiefen tief. Ich liebe leidenschaftlich und hasse leidenschaftlich.«

»Manche finden mich herrisch, aufdringlich und aggressiv.«

»Ich stehe für andere ein. Und es verletzt mich, wenn andere nicht ebenso für mich einstehen.«

»Ich fühle mich oft missverstanden.«

Hauptmotivationen:

Mich und andere vor Schaden und Kontrolle zu schützen.

Unabhängigkeit

Gerechtigkeit

Hauptängste:

Schwach und angreifbar zu wirken.

Ausgenutzt und betrogen zu werden.

Unfair behandelt zu werden.

Haupthindernisse:

Mangelnde Beherrschung

Vermeiden von Verletzlichkeit

Maßlosigkeit und Überanstrengung

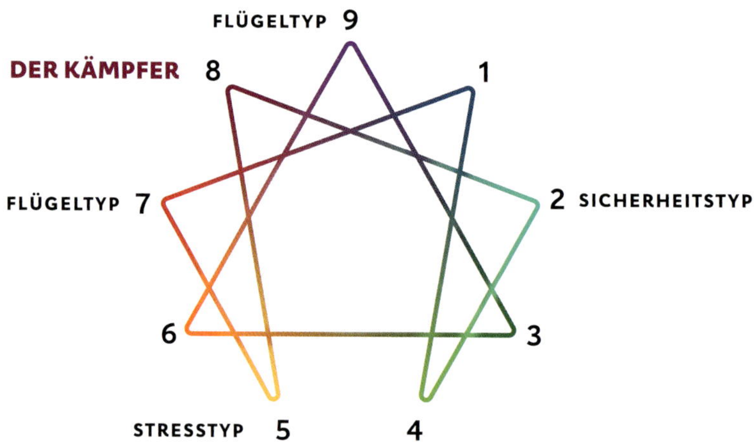

Flügeltyp: 7 oder 9

Ihr Flügeltyp ist die 7 oder die 9, je nachdem, welcher sich mehr wie Sie anfühlt. Diese Zahl beschreibt genauer, wie Sie handeln und sich ausdrücken.

Stresstyp: 5
Sicherheitstyp: 2

Wenn Sie gestresst oder nicht gesund sind, nehmen Sie Charakterzüge von Typ 5 an. Aber wenn Sie sich sicher und gesund fühlen, nehmen Sie Züge der Zwei an.

Wachstum ist möglich

- **Achten Sie darauf, wenn Sie wieder etwas ändern oder über etwas entscheiden wollen, das nicht Ihre Angelegenheit ist.** Sie können nicht entscheiden, was jemand anders fühlen oder tun soll, ob er bleibt oder geht oder wie er sein Leben führt. Lassen Sie sich durch diese Einsicht entlasten. Sie müssen nicht alles regeln und tragen nur für Ihre eigenen Handlungen die Verantwortung.
- **Verbinden Sie sich wieder mit Ihrer Sanftheit.** Tun Sie etwas für Ihre weichere Seite: Verbringen Sie Zeit mit Tieren, erneuern Sie nostalgische Hobbys oder besuchen Sie Orte Ihrer Kindheit.
- **Bevor Sie handeln, halten Sie inne und atmen Sie tief durch.** Überlegen Sie, welche Reaktionen Ihre Handlung nach sich ziehen wird. Wie sehr Sie sich auch im Recht fühlen, Ihre Handlungen führen nicht immer zu den Ergebnissen, die Sie sich wünschen.
- **Sie sind stark genug, um die Gefühle hinter Ihrer Wut und Ihrer Leidenschaft im Zaum zu halten.** Ohne Ihre verletzlichere Seite anzuerkennen, wird Ihnen die gewünschte Tiefe und Intensität im Leben versagt bleiben. Was wie Ärger oder Wut erscheint, ist oft etwas anderes. Fragen Sie sich: Welches Gefühl steckt hinter meiner Wut?
- **Wie viel Energie und Widerstandskraft Sie auch haben, Ihr Körper ist nicht unbesiegbar.** Lernen Sie, ihm Ruhe zu gönnen und gut für ihn zu sorgen. Er braucht und verdient es.

Typ 9

DER DIPLOMAT

FRIEDFERTIG
FLEXIBEL
GELASSEN
SYMPATHISCH
UMGÄNGLICH
VERGESSLICH
FREUNDLICH
UNENTSCHLOSSEN
ANPASSUNGSFÄHIG
SELBSTZUFRIEDEN

Neuner sehen die Welt im warmen Licht der Friedlichkeit oder aber der Instabilität ihrer Verbindungen und Beziehungen. Sie mögen keine Disharmonie und möchten, dass alle gut miteinander auskommen. Die Neun schätzt eine ruhige Umgebung, und damit das so bleibt, stellt sie oft ihre eigenen Vorlieben und Gefühle hintan.

Neuner sind umgänglich und freundlich, werden von vielen geliebt und nur von wenigen nicht gemocht. Sie betrachten die Dinge aus vielen verschiedenen Blickwinkeln, akzeptieren andere Ansichten und beziehen andere Menschen ein. Oft sind sie unentschlossen und vernachlässigen ihre eigenen Bedürfnisse.

Aus Angst, ihre Verbindungen und Beziehungen zu gefährden, stecken Neuner oft zurück. Ihr Haupthindernis ist Passivität und das Ignorieren eigener Wünsche. Durch ihr Harmoniesestreben nehmen sie oft die Vorlieben und Prioritäten der Menschen um sie her an. So verlieren sie aus dem Blick, wer sie wirklich sind, was schließlich zu existenziellen Krisen und Ängsten führen kann.

Was der Neuner über sich selbst sagt:

»Mit mir kommt man gut klar.«

»Harmonie und Freundlichkeit sind mir wichtig. Ich schließe lieber Kompromisse, als mich zu streiten.«

»Ich wünschte, ich hätte mehr Antrieb, aber meist fehlt mir die Kraft.«

»Entscheidungen zu treffen, fällt mir schwer. Lieber richte ich mich danach, was die anderen wollen.«

»Ich bin ein guter Zuhörer und ich kann mich in viele verschiedene Standpunkte einfühlen.«

»Ich habe das Gefühl, dass niemand sich wirklich für meine Meinungen oder Bedürfnisse interessiert.«

»Die Leute finden mich angenehm beruhigend. Aber ich selbst fühle mich innerlich oft gestresst und ängstlich.«

»Ich tue alles, damit man sich in meiner Gesellschaft wohlfühlt, und möchte meine Beziehung aufrechterhalten.«

»Ich bin sehr tolerant. Alle sollen sich wertgeschätzt und eingebunden fühlen.«

»Ich kann mich den Menschen, mit denen ich Zeit verbringe, leicht anpassen. Ich lasse mich schnell von neuen Meinungen überzeugen.«

»Ich möchte mich in meiner Umgebung wohlfühlen. Für mich ist es wichtig, dass sie behaglich und ruhig ist.«

»Ich wünschte, ich wäre disziplinierter und motivierter.«

Hauptmotivationen:

Beziehungen aufrechtzuerhalten.

Konflikte und Disharmonie zu vermeiden.

Inneren Frieden zu haben.

Hauptängste:

Meine Beziehungen zu verlieren.

Unstimmigkeit und Stress zu erzeugen.

Anderen eigentlich egal zu sein.

Haupthindernisse:

Müdigkeit und Lethargie

Gefühlsarmut

Passivität und Vernachlässigung eigener Interessen

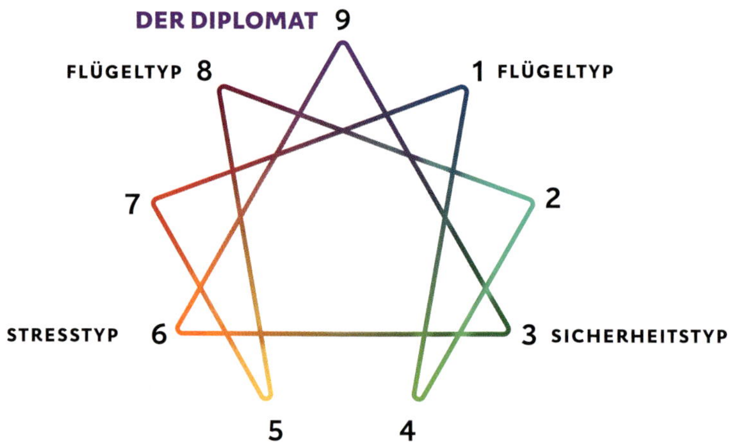

Flügeltyp: 8 oder 1

Ihr Flügeltyp ist die 8 oder die 1, je nachdem, welcher sich mehr wie Sie anfühlt. Diese Zahl beschreibt genauer, wie Sie handeln und sich ausdrücken.

Stresstyp: 6 Sicherheitstyp: 3

Wenn Sie gestresst oder nicht gesund sind, nehmen Sie Charakterzüge von Typ 6 an. Aber wenn Sie sich sicher und gesund fühlen, nehmen Sie Züge der Drei an.

Wachstum ist möglich

- **Achten Sie darauf, wann Sie Ihre Meinung für sich behalten,** um Streit zu vermeiden, Ihre Gefühle unterdrücken, um andere nicht zu irritieren, oder Ihr Bauchgefühl ignorieren, um keinen Stress zu verursachen. Dies ist eine passive Art, die Energie innerhalb einer Beziehung oder Gruppe zu beeinflussen.
- **In gesunden Paarbeziehungen ist Raum für zwei.** Den halben Raum in jeder Ihrer Beziehungen sollten Sie füllen. Er ist für Ihre Präsenz, Ihre Ziele, Ihre Gedanken und Ideen, Ihre Gefühle, Ihren Beitrag, Ihre Bedürfnisse und Wünsche bestimmt. In vertrauensvollen Beziehungen haben auch unterschiedliche Meinungen Platz.
- **Nehmen Sie sich Zeit, sich selbst kennenzulernen.** Sie sind gut darin, sich harmonisch mit anderen zu verbinden. Aber für Ihre eigene Psyche ist es wichtig, dass Sie herausfinden, was Sie selbst ausmacht. Was sind Ihre Ziele? Worauf legen Sie am meisten Wert? Wo liegen Ihre Stärken? Und was wollen Sie aus Ihrem Leben machen?
- **Machen Sie sich klar, dass es auf Sie ankommt.** Sie bewegen etwas. Ihre Stimme ist gefragt. Ihr Sein hat einen Sinn.
- **Erkennen Sie, dass das Gefühl des Friedens von Ihnen selbst abhängt.** Wenn Sie innere Ruhe finden wollen, müssen Sie aktiv an Ihren Ängsten und Sorgen arbeiten. Stabile Beziehungen und ein behagliches Umfeld können übergangsweise tröstlich sein, aber sie sind nur Pflaster. Wenn Sie innerlich unruhig sind, kann keine noch so friedliche Umgebung Ihnen inneren Frieden schenken: Den müssen Sie aktiv erwerben. Zur Unterstützung können Sie sich eine Therapie oder hilfreiche Freunde suchen.

Das Enneagramm und Selbstermächtigung

Seine Stärken ausleben, Selbstmitgefühl kultivieren und entdecken, welche Verhaltensweisen einen hemmen

Selbstmitgefühl kultivieren

Wenn man sich zum Besseren verändern möchte (und das ist das Ziel des Enneagramms), fällt der Blick schnell auf die Schwächen, die einen ausbremsen. Doch um seinem Leben einen positiven Impuls zu geben, muss man zuallererst eine sanfte, wohlwollende Haltung gegenüber sich selbst einnehmen und Selbstmitgefühl praktizieren.

Ihr Enneagramm-Typ zeigt Ihnen nicht nur die Handlungsmuster, die Sie zurückhalten, er zeigt Ihnen auch den Schmerz, der diese Handlungen steuert und Sie immer wieder zu den gleichen ungünstigen Strategien führt. Um sich von Ihrem Schmerz zu befreien, müssen Sie ihm mit Wärme und Mitgefühl begegnen. Das heißt nicht, dass Sie Ihr Verhalten entschuldigen – es ist wichtig, dass Sie die volle Verantwortung für all Ihre Gedanken, Gefühle und Entscheidungen übernehmen. Selbstmitgefühl bedeutet, dass Sie sich selbst gnädig und verständnisvoll begegnen, was auch immer Sie an sich verändern möchten.

Selbstmitgefühl tut auf viele Arten gut. Laut Dr. Kristin Neff, einer Pionierin auf dem Feld der Selbstmitgefühl-Forschung, steigert Selbstmitgefühl Glücklichsein, Lebenszufriedenheit, Motivation, Beziehungsfähigkeit, Resilienz, körperliche Gesundheit und die Fähigkeit, belastende Ereignisse zu bewältigen. Selbstmitgefühl schafft den Raum, in dem neue, gute Dinge wachsen können, und damit auch die Möglichkeit, gesunde Veränderungen im Leben herbeizuführen.

Selbstmitgefühl schafft den Raum, in dem neue, gute Dinge wachsen können.

Wenn Ihr bester Freund einen Fehler gemacht hat, würde es ihm helfen, wenn Sie ihn kritisieren und sein Schuldgefühl noch vergrößern, wenn Sie ihm vorwerfen, sich nicht unter Kontrolle zu haben? Oder wäre es hilfreicher zu sagen: »Ich weiß, das hast du nicht absichtlich gemacht. Jeder macht Fehler, wir sind alle nur Menschen. Morgen ist ein neuer Tag mit neuen Möglichkeiten. Ich liebe dich noch immer genauso.« Seien Sie also immer auch Ihr eigener Freund, während Sie Ihren Enneagramm-Typ kennenlernen und versuchen, sich zum Besseren zu verändern. Feiern Sie Ihre Stärken, Ihre Werte, Ihre Hoffnungen und seien Sie warmherzig und verständnisvoll mit sich. Geben Sie Ihr Bestes, aber sehen Sie sich immer als die ganze komplexe, fehlbare Person, die Sie sind.

Sie sind nur ein Mensch, deshalb sollten Sie sich mit Humor betrachten und über sich selbst lachen können. Wie jeder andere auch haben Sie Fehler, Marotten und Widersprüche. Stehen Sie immer zu Ihren Entscheidungen, Gedanken und Gefühlen, aber ignorieren Sie nicht die Verletzungen und Ängste, die mit ihnen einhergehen. Auch diese gehören zu Ihnen und brauchen Ihr Mitgefühl, um zu heilen. Selbstmitgefühl ist die erste Voraussetzung für Wachstum und Veränderung.

Achtsam auf Stress reagieren

Es wird immer Gründe geben, warum Sie gestresst sind (körperlich, emotional, spirituell, wegen Beziehungen oder aus anderen Gründen), denn in unserer Welt wird es immer Angst, Leid und Frustration geben.

Sie werden immer wieder mit Ereignissen konfrontiert, die Sie nicht kontrollieren können: Genauso wenig, wie Sie das Wetter beeinflussen können, können Sie bestimmen, wie andere Menschen ihr Leben führen. Sie können es nicht ändern, dass es immer wieder Stressoren geben wird, aber Sie können herausfinden, was bei Ihnen Stress auslöst, und lernen, auf diesen Stress achtsam zu reagieren, anstatt auf eine für Sie und Ihre Umgebung nachteilige, zerstörerische Art und Weise.

TYP	DAS SIND STRESSAUSLÖSER:	ACHTUNG BEI IHRER TENDENZ ZU …
1	Unvollkommenheit oder Versagen	Kritik (an sich selbst oder anderen)
2	Zurückweisung (real oder gefühlt)	Manipulation, Besitzgier
3	Scheitern (oder Angst davor)	Selbsttäuschung, Leugnung
4	Mangel an Bedeutung oder Identität	Eifersucht, Undankbarkeit
5	Knappheit (an körperlichen oder emotionalen Ressourcen)	Horten, Gier
6	Drohende Gefahr oder Unsicherheit	Hohe Wachsamkeit, Schwarzseherei
7	Langeweile	Übermäßiger Genuss, Hastigkeit
8	Gefühl von Schwäche oder Machtlosigkeit	Maßlosigkeit, Kontrolle
9	Beziehungsabbruch	Abstumpfung, Gefallsucht

STRATEGIEN GEGEN STRESS

- Seine Emotionen benennen und annehmen.
- Etwas Schönes für sich selbst tun.
- Heiß duschen.
- Seine Befindlichkeiten aufschreiben (Tagebuch).
- Spazieren gehen.
- Mit jemandem über sein Leid oder seine Ängste reden.
- Darauf achten, was der Körper fühlt.
- Die Atemzüge verlängern und vertiefen.
- Nahrhafte Lebensmittel essen.
- Ausreichend schlafen.
- Sich klarmachen, dass es in Ordnung ist, ab und zu gestresst zu sein.
- Ein Glas Wasser trinken.
- Zeit in der Natur verbringen.
- Sich selbst umarmen.

Seine Stärken ausleben

Ihre Stärken sind Ihre sich ganz natürlich anfühlenden Charakterzüge – das, worin Sie gut sind, ohne sich viel Mühe geben zu müssen. Was fällt Ihnen bei der Arbeit leicht, erscheint anderen aber anstrengend? Von welchen Ihrer Eigenschaften würden Ihre Freunde liebevoll sagen, dass sie neidisch sind? Was würden diejenigen, die Sie am längsten (oder am besten) kennen, sagen, worin Sie gut sind? Dies sind Ihre Stärken.

Ihre Stärken regelmäßig auszuleben, ist ein Schlüssel zur Ermächtigung, denn wenn man Dinge tut, die einem gut gelingen, wird das Gefühl gestärkt, etwas Besonderes zu können – die Grundlage von Selbstvertrauen. Auch fördert das Ausleben seiner Stärken Lebenszufriedenheit, weil es der Existenz einen Sinn verleiht. Seine natürlichen Stärken anzuwenden beweist, dass man einen wichtigen und einzigartigen Beitrag in der Welt leistet.

Martin Seligman, bekannter Vertreter der Positiven Psychologie, schrieb: »Gutes Leben bedeutet, Ihre besonderen Stärken jeden Tag einzusetzen, um echtes Glück und Erfüllung zu finden.« Um Ihre Stärken auszuleben, müssen Sie sie jedoch zuerst identifizieren.

Auf den nächsten Seiten sind Stärken aufgeführt, die bei Menschen eines bestimmten Enneagramm-Typs – mehr oder weniger stark ausgeprägt – zu beobachten sind. So können Sie Ihre natürlichen Stärken entdecken und beginnen, mit ihnen zu arbeiten. Überlegen Sie, wie Sie sie in Ihren Alltag integrieren können. Nach und nach werden Sie bemerken, wie ein Gefühl des Selbstvertrauens zu wachsen beginnt. Sie fühlen sich stark und authentisch.

1

WEITSICHT
VORSICHT
GERECHTIGKEIT
SELBST-BEHERRSCHUNG
INTEGRITÄT
ORGANISATION
INNOVATION
KONZENTRATION

2

SOZIALE INTELLIGENZ
FREUNDLICHKEIT
GROSSZÜGIGKEIT
EMPATHIE
HUMOR
TEAMFÄHIGKEIT
FÜRSORGE
MITGEFÜHL

3

STEHVERMÖGEN
ANPASSUNGS-FÄHIGKEIT
FÜHRUNGSSTÄRKE
SELBST-BEHERRSCHUNG
EFFIZIENZ
SOZIALE INTELLIGENZ
ERMUNTERUNG
KOMPETENZ

4

SENSIBILITÄT
FREUNDLICHKEIT
KREATIVITÄT
OFFENHEIT
ZIELSTREBIGKEIT
VERLETZLICHKEIT
MITGEFÜHL
SINN FÜR DAS SCHÖNE

5

NEUGIER
LIEBE ZUM LERNEN
VORSICHT
BEOBACHTUNGS-GABE
DISZIPLIN
REFLEXION
LOGIK
GELASSENHEIT

6

PLANUNG
INTUITION
LOYALITÄT
ERNSTHAFTIGKEIT
VORBEREITUNG
BESCHEIDENHEIT
ZUSAMMENARBEIT
BESONNENHEIT

7

ENTHUSIASMUS
DANKBARKEIT
TAPFERKEIT
EHRFURCHT
NEUGIER
OPTIMISMUS
KREATIVITÄT
HUMOR

8

TAPFERKEIT
ENGAGEMENT
FÜHRUNGSSTÄRKE
ZIELGERICHTET-HEIT
BESTIMMTHEIT
SELBSTVERTRAUEN
AUFRICHTIGKEIT
RESILIENZ

9

DURCHBLICK
DIPLOMATIE
GELTENLASSEN
VERSTÄNDNIS
FREUNDLICHKEIT
EMPATHIE
ZUHÖREN
GEDULD

Seine natürlichen Stärken anzuwenden beweist, dass man einen wichtigen und einzigartigen Beitrag in der Welt leistet.

Fragen zum Nachdenken

———

Welche Stärken hatten Sie als Kind und als Teenager? Sehen Sie diese Stärken bei sich noch immer?

•••

Was würden Ihre engsten Freunde sagen, worin Sie gut sind?

•••

Welche Hobbys, Routinen oder Beschäftigungen würden Ihnen erlauben, Ihre Stärken täglich auszuleben?

Gestärktes Denken

Wie rational Sie auch sein mögen, Sie werden trotzdem auch negative Gedanken haben, die einfach irrational sind. Und das ist in Ordnung. Gedanken sind allerdings nur Gedanken. Sie als Mensch sind mehr als Ihre Gedanken und haben die Macht zu erkennen, welche wahr und welche nicht wahr sind.

Irrationale, negative Gedanken, die sich wahr anfühlen, können Sie schwächen. Der Gedanke »Diese Leute mögen mich nicht.« kann emotionalen Schmerz wie Traurigkeit oder Verängstigung auslösen, was wiederum zu schlechten Entscheidungen führen kann (zum Beispiel Völlerei oder Hang zu Perfektionismus). Alle Enneagramm-Typen geraten in die Falle negativer Gedanken, aber wenn man sie aufdeckt, kann man sich von ihnen befreien und stattdessen Muster gestärkten Denkens entwickeln.

Gestärktes Denken ist die Fähigkeit, Denkfallen zu erkennen – diese irrationalen Gedanken, die einen in einem Teufelskreis von negativen Emotionen und hinderlichem Handeln halten. Denkfallen werden auch kognitive Verzerrungen genannt und bilden die Grundlage der kognitiven Verhaltenstherapie nach Aaron T. Beck und Albert Ellis. Wahrscheinlich werden Sie all diese Denkfallen erkennen! Aber je nach Enneagramm-Typ herrschen meist einige vor.

Während man lernt, seine Gedanken zu beobachten und diese negativen Denkmuster zu erkennen, muss man sich den tiefsten Ängsten seines Enneagramm-Typs stellen, die so vielen Gedanken zugrunde liegen. Das hilft, sich selbst mitfühlend zu behandeln, was unabdingbar für positives Wachsein ist.

NEGATIVE DENKFALLE

IRRATIONALER NEGATIVER GEDANKE

↓

EMOTIONALES LEIDEN

↓

SCHLECHTE ENTSCHEIDUNGEN

GESTÄRKTES DENKEN

1. Den irrationalen, negativen Gedanken objektiv, ohne Werturteil beobachten.

2. Die Ängste hinter dem Gedanken mit Selbstmitgefühl erkennen.

3. Einen alternativen, gestärkten Gedanken für Hoffnung und Erdung hinzufügen.

4. Sich von den Gedanken distanzieren und gestärkt handeln.

Denkfallen

ALLES-ODER-NICHTS-DENKEN

Die Dinge sind für einen entweder gut oder schlecht, es gibt kein Mittelding.

MENTALES FILTERN

Man blendet das Positive aus und konzentriert sich auf das Negative – oder umgekehrt.

ÜBERTRIEBENE VERALLGEMEINERUNG

Man glaubt, wenn eine schlechte Sache passiert, zieht das andere schlechte Sachen nach sich.

SICH SELBST DIE SCHULD ZUWEISEN

Man glaubt, das Verhalten anderer beziehe sich auf einen selbst.

KATASTROPHENDENKEN

Man bauscht ein Problem oder einen Fehler auf und rechnet mit dem Schlimmsten.

GEDANKENLESEN

Man ist sicher zu wissen, was andere denken.

ÜBERTREIBEN/UNTERTREIBEN

Man macht seine Gewinne kleiner, als sie sind, und übertreibt seine Fehler.

VORHERSAGEN

Man glaubt, ein negatives zukünftiges Ergebnis vorhersagen zu können.

ABSTEMPELN

Man heftet sich selbst oder anderen aufgrund nur eines Ereignisses gleich ein Etikett an.

»SOLLTE«-AUSSAGEN

Man behandelt seine eigenen Erwartungen, als seien sie unveränderlich oder allgemeiner Standard.

EMOTIONALES ARGUMENTIEREN

Man sieht seine Gefühle als Tatsachen an.

ABWERTEN DES POSITIVEN

Man verwirft seine positiven Erfahrungen oder bestreitet sie.

(Diese Definitionen basieren auf dem Buch *Feeling Good: Depressionen überwinden, Selbstachtung gewinnen* von Dr. David D. Burns.)

TYP 1

GESTÄRKTES DENKEN

AUSLÖSENDE ÄNGSTE

Ich werd's vermasseln.
Ich bin nicht gut genug.
Mit mir stimmt etwas nicht.

NEGATIVE DENKBEISPIELE	ALTERNATIVES GESTÄRKTES DENKEN
Mein Text wäre perfekt gewesen, aber es war ein blöder Tippfehler drin. Jetzt ist es ruiniert. *(Alles-oder-nichts-Denken)*	In dem Text war ein Fehler, aber insgesamt war es toll! Ich sehe es, wie es ist: Mit Fehler, aber gut.
Ich sollte gesünder essen. *(»Sollte«-Aussage)*	Es war nicht meine Priorität, gesund zu essen, aber wenn ich will, kann ich mich jetzt dafür entscheiden. So oder so, es ist meine Entscheidung.
Ich sollte es mittlerweile besser wissen. Ich bin so ein Versager. *(Abstempeln)*	Scheitern macht mich nicht zum Versager, es macht mich nur menschlich. Aus diesem Fehler kann ich lernen und daran wachsen.

TYP 2

GESTÄRKTES DENKEN

AUSLÖSENDE ÄNGSTE

Man wird mich nicht wollen.
Man wird mich zurückweisen und verlassen.
Ich werde allein sein.

NEGATIVE DENKBEISPIELE	ALTERNATIVES GESTÄRKTES DENKEN
Er/sie runzelt die Stirn. Er/sie ist sicher sauer auf mich. Ich muss ihn/sie verärgert haben. *(Sich selbst die Schuld zuweisen.)*	Er/sie runzelt die Stirn. Vielleicht ist er/sie müde oder traurig oder sauer auf jemandem oder sich selbst.
Er/sie hat letzte Woche diese negative, verletzende Bemerkung über mich gemacht. Ich muss dauernd daran denken. *(Mentales Filtern)*	Er/sie hat eine verletzende Bemerkung über mich gemacht. Aber er/sie hat auch viele positive Aussagen über mich gemacht. Ich werde auch an diese positiven Aspekte denken.
Er/sie hat immer noch keine Arbeit gefunden. Bestimmt sorgt er/sie sich. Bestimmt möchte er/sie, dass ich Ideen habe oder Vorschläge mache. *(Gedankenlesen)*	Er/sie hat immer noch keine Arbeit gefunden. Ich weiß, wie ich mich an seiner/ihrer Stelle fühlen würde, aber ich weiß nicht, wie er/sie sich fühlt. Vielleicht sagt er/sie mir, wie es ihm/ihr geht und was er/sie braucht.

TYP 3

GESTÄRKTES DENKEN

AUSLÖSENDE ÄNGSTE

Ich werde scheitern und ihn/sie enttäuschen.
Man hält mich für unfähig oder einen Hochstapler.
Ich werde zu nichts nutze sein.

NEGATIVE DENKBEISPIELE	ALTERNATIVES GESTÄRKTES DENKEN
Ja, ich bin befördert worden, aber wahrscheinlich war es nur Glück. Sie brauchten eben schnell jemanden für diese Position. *(Abwerten des Positiven)*	Ja, ich bin befördert worden. Ich arbeite in dieser Firma wirklich hart, und das hat sich ausgezahlt. Sie hätten jemand anderen nehmen können, aber sie haben mich ausgewählt.
Ich bin zehn Kilometer gelaufen. Na und? Ich habe Freunde, die Marathon laufen. *(Herunterspielen)*	Es gibt viele Leute, die schaffen keine zehn Kilometer, und es gibt manche, die können Marathon laufen. Egal, was andere können oder nicht, mir bedeutet es eine Menge, zehn Kilometer zu joggen. Ich freue mich und bin stolz auf mich!
Ich sollte mehr Zeit damit verbringen, mich um mich selbst zu kümmern. *(»Sollte«-Aussage)*	Niemand hat zu bestimmen, wie viel Zeit ich mit Selbstfürsorge verbringen »sollte«. Selbstpflege war in letzter Zeit nicht meine Priorität, aber ich kann sie jetzt dazu machen, wenn ich will und mich dafür entscheide.

TYP 4

GESTÄRKTES DENKEN

AUSLÖSENDE ÄNGSTE

Ich bin nicht sicher, wer ich wirklich bin.
Ich bin nichts Besonderes, einfach unbedeutend.
Man wird mich nie als den lieben, der ich bin.

NEGATIVE DENKBEISPIELE	ALTERNATIVES GESTÄRKTES DENKEN
Ich bin eifersüchtig. Sicher liebt sie/er jemand anderen. Warum würde ich mich sonst so fühlen? *(Emotionales Argumentieren)*	Ich bin eifersüchtig. Aber ich weiß, dass Eifersucht nur ein Gefühl ist, keine Tatsache. Ich werde die Fakten prüfen.
Ich habe in der Firma einen Riesenfehler gemacht. Mein Chef wird sauer sein. Wahrscheinlich wird er mich zu sich rufen und mich entlassen. Das wäre ganz schlecht für meinen Lebenslauf. *(Katastrophendenken)*	Ich habe in der Firma einen Fehler gemacht. Aber ich bin ein Mensch, und Menschen machen Fehler. Also hoffe ich, dass mein Chef Verständnis aufbringt. Das ist wahrscheinlicher, als dass ich entlassen werde.
Ich würde so etwas nie sagen, es sei denn, ich wäre total wütend. Also muss er/sie total wütend sein. *(Gedankenlesen)*	Was er/sie gesagt hat, klang für mich wütend, aber ich kann keine Gedanken lesen. Wenn ich es genau wissen will, muss ich nachfragen, was und wie es gemeint war.

TYP 5

GESTÄRKTES DENKEN

AUSLÖSENDE ÄNGSTE

Ich werde unfähig sein und nicht dazu passen.
Man wird in meine Intimsphäre eindringen.
Ich werde nicht genug zu geben haben (Energie, Liebe, Ressourcen usw.).

NEGATIVE DENKBEISPIELE	ALTERNATIVES GESTÄRKTES DENKEN
Ich habe versucht, Minigolf zu spielen, und es war furchtbar. So einen Fehler mache ich nicht noch mal. *(Vorhersagen)*	Ich hatte eine schlechte Erfahrung mit Minigolf. Das heißt noch lange nicht, dass alle zukünftigen Erfahrungen auch schlecht sind. Ich kenne die Zukunft nicht. Vielleicht läuft es nächstes Mal beim Minigolf richtig gut.
Ich kann nicht glauben, dass ich die Antwort auf diese Frage nicht gewusst habe. Ich bin so dumm. *(Abstempeln)*	Wenn ich die Antwort auf eine Frage nicht weiß, bin ich deswegen nicht dumm. Das ist menschlich. Ansonsten weiß ich über viele Dinge ziemlich gut Bescheid!
Ich weiß, dass dies die richtige Meinung ist. Alles andere ist total unvernünftig und dumm. *(Alles-oder-nichts-Denken)*	Ich bin mir meiner Einschätzung ziemlich sicher, aber ich bin auch nicht allwissend. Ich bin bereit dazuzulernen, denn es besteht immer die Möglichkeit, dass ich mich irre.

TYP 6

GESTÄRKTES DENKEN

AUSLÖSENDE ÄNGSTE	Ich werde unsicher und ängstlich sein. Ich werde den falschen Leuten vertrauen. Ich werde falsche Entscheidungen treffen.

NEGATIVE DENKBEISPIELE	ALTERNATIVES GESTÄRKTES DENKEN
Das erwies sich als gute Entscheidung für mich. Aber bestimmt war es nur Glück. *(Abwerten des Positiven)*	Offenbar habe ich eine gute Entscheidung getroffen. Ich habe meine Optionen geprüft und richtig entschieden!
Das war ein gutes erstes Date, außer dass ich nervös war und zweimal das Gleiche gefragt habe. Wahrscheinlich hat er/sie gedacht, ich hätte nicht zugehört oder es war mir nicht wichtig. Bestimmt trifft er/sie mich nicht wieder. *(Katastrophendenken)*	Ich war nervös und habe zweimal das Gleiche gefragt. Vielleicht war er/sie verärgert, oder er/sie hat gedacht, dass das lustig oder süß war. Egal, die meiste Zeit lief es ganz gut, also wird dieses Detail nicht so wichtig sein.
Ich habe einmal dort gegessen und wurde krank, weil der Fisch schlecht war! Man kann Fischrestaurants einfach nicht trauen. *(Übertriebene Verallgemeinerung)*	Wenn ein Fischrestaurant verdorbenen Fisch serviert, heißt das nicht, dass alle Fischrestaurants das tun. Ich denke ja auch nicht, dass alle Bücher langweilig sind, nur weil ich mal ein langweiliges gelesen habe.

TYP 7

GESTÄRKTES DENKEN

AUSLÖSENDE ÄNGSTE

Ich werde mich leer oder unglücklich fühlen.
Traurigkeit wird mich übermannen.
Ich werde mich nicht sicher und gut fühlen.

NEGATIVE DENKBEISPIELE	ALTERNATIVES GESTÄRKTES DENKEN
Ich sehe an dieser Person nicht das Negative, was meine Freunde sehen. Ich sehe nur Gutes! *(Mentales Filtern)*	Ich sehe bei dieser Person viele positive Züge, aber auch ein paar negative. Es ist wichtig, beides zu berücksichtigen.
Ich habe ein wirklich gutes Gefühl bei der Sache, also brauche ich mir keine Sorgen zu machen. *(Emotionales Argumentieren)*	Ich habe ein ziemlich gutes Gefühl dabei. Aber es ist nur ein Gefühl. Es gibt auch Fakten, die ich beachten und ebenso einbeziehen sollte.
Klar bin ich traurig, wenn ich daran zurückdenke. Aber wenn man das große Ganze betrachtet, ist das nur eine kleine Episode. Es gibt so viel Schönes im Leben. *(Untertreiben)*	Ich werde schon bald das Leben wieder genießen können, aber im Moment bin ich wirklich sehr traurig. Diese Sache bedeutet mir viel, und dieser Moment ist wichtig.

TYP 8

GESTÄRKTES DENKEN

AUSLÖSENDE ÄNGSTE	Ich werde schwach und verletzlich erscheinen. Man wird mich übervorteilen und betrügen. Man wird mich unfair behandeln.

NEGATIVE DENKBEISPIELE	**ALTERNATIVES GESTÄRKTES DENKEN**
Er/sie hat mich bei diesem Streit nicht verteidigt. Ich bin ihm/ihr bestimmt ganz gleichgültig. *(Alles-oder-nichts-Denken)*	Ob mich jemand verbal verteidigt oder ob ich ihm/ihr ganz egal bin, sind zwei verschiedene Dinge. Vielleicht wollte er/sie mir helfen und wusste nicht, wie. Es kann viele Gründe geben.
Ich mag kein Gemüse! Ich hasse Salat und ich musste als Kind dauernd gedämpften Brokkoli essen und habe es gehasst. *(Übertriebenes Verallgemeinern)*	Ich mag keinen Salat und keinen gedämpften Brokkoli. Aber vielleicht gibt es anderes, auf andere Art zubereitetes Gemüse, das mir schmecken würde.
Mein Freund hat mich hintergangen und betrogen. Man kann wirklich niemandem trauen. Man kann sich nur auf sich selbst verlassen. *(Mentales Filtern)*	Es tut weh, betrogen zu werden. Aber in meinem Leben gibt es mehr Menschen, die loyal und liebevoll mit mir sind, als solche, die es nicht sind. Ich weiß, dass es sehr wohl vertrauenswürdige Menschen gibt.

TYP 9

GESTÄRKTES DENKEN

AUSLÖSENDE ÄNGSTE

Meine Beziehungen werden zerbrechen.
Ich werde Verstimmung oder Stress verursachen.
Ich spiele eigentlich keine Rolle.

NEGATIVE DENKBEISPIELE	ALTERNATIVES GESTÄRKTES DENKEN
Ich habe nicht das Gefühl, dass etwas falsch daran ist, das zu tun. *(Emotionales Argumentieren)*	Ich habe kein schlechtes Gefühl bei dieser Sache, aber ich werde alles noch einmal durchdenken und alle Konsequenzen abwägen, anstatt nur meinem Bauchgefühl zu folgen.
Er/sie scheint verärgert zu sein. Er/sie muss sich über mich geärgert haben. *(Sich selbst die Schuld zuweisen)*	Ja, er/sie könnte sauer auf mich sein, aber es kann auch einen anderen Grund geben. Man kann sich über alles Mögliche ärgern. Oder er/sie ist einfach nur müde oder hungrig.
Ich weiß überhaupt nichts über dieses Thema. Ich bin so ungebildet. *(Abstempeln)*	Ich bin wohl zu diesem Thema nicht auf dem Laufenden. Aber darüber nichts zu wissen, macht mich nicht ungebildet. Es gibt andere Sachverhalte, über die ich gut informiert bin.

Stärkende Fragen

1. Wie würde ich im Moment »gut genug« definieren?
2. Was ist meine Aufgabe und was ist seine/ihre?
3. Wie ist es, jetzt gerade ich zu sein?
4. Was sind nur Gefühle und wie sind die Fakten?
5. Bin ich bereit, mein Denken zu verändern?
6. Welches positiven Ergebnisse sind denkbar?
7. Was fühle ich im Moment?
8. Kann ich innehalten und eine Weile nachdenken, bevor ich den nächsten Schritt tue?
9. Wo liegt hier meine Priorität?

Seine Werte leben

Ihre Werte bestimmen, was für Sie im Leben am wichtigsten ist, was Ihre Lebensführung bestimmt. Das könnten Authentizität, Familie, Hoffnung, soziales Engagement oder Kreativität sein.

Ihre Werte machen Ihr Leben bedeutungsvoll und lohnend. In Übereinstimmung mit seinen Werten zu leben, gibt einem das Vertrauen, auf dem richtigen Weg zu sein. Gegen seine Werte zu leben, führt dagegen zu Schuldgefühlen und Selbstzweifeln, denn der Verrat einer seiner Werte ist, als würde man sich selbst betrügen.

Wenn zum Beispiel Familie für Sie ganz oben steht, Sie aber all Ihre Freizeit persönlichem Streben widmen, erzeugt das in Ihrer Seele eine Dissonanz. Wenn Sie einem Ihrer Werte Vorrang geben (persönliche Leistungen), kommt ein anderer (Familie) zu kurz. Reservieren Sie dagegen wenigstens die Hälfte Ihrer freien Zeit für die Familie, wissen Sie, dass Sie authentisch und ehrlich leben. Wenn Ihre Handlungen mit Ihren Werten im Einklang sind, fühlen Sie sich authentisch und zufrieden.

Um zu wissen, ob man authentisch gewichtet, muss man seine Werte zunächst kennen. Dies stellt einen Hauptbestandteil der Akzeptanz- und Commitment-Therapie dar, die von dem klinischen Psychologen Dr. Steven Hayes entwickelt wurde. Sie hat zum Ziel, Menschen mit psychischen Problemen wieder ein Leben zu ermöglichen, das sich lebenswert anfühlt. Können Sie einige Ihrer Werte benennen? Falls nicht, denken Sie an Ihre Vorbilder und überlegen Sie, welche Charaktereigenschaften Sie an ihnen inspirierend finden. Fragen Sie sich, welches Vermächtnis Sie einst hinterlassen möchten. Was wäre wichtiger für Sie: dass man später sagt, Sie seien innovativ gewesen oder ehrlich oder abenteuerlustig oder mitfühlend? Die Antworten auf diese Fragen werden Ihnen Hinweise auf Ihre wichtigen Werte geben.

WERTE ALS KOMPASS

Sie zeigen Ihnen die Richtung an, in die Sie im Leben gehen wollen.

LEIDEN, SELBSTZWEIFEL

FRIEDEN, VERTRAUEN, STÄRKUNG

Ignorieren oder verletzen seiner Werte
(Taten und Verhalten stimmen nicht mit den Werten überein.)

In Übereinstimmung mit seinen Werten leben
(Taten und Verhalten stimmen mit den Werten überein.)

Nach seinen Werten zu leben hilft,

- gute Entscheidungen zu treffen,
- authentische Ziele zu formulieren,
- im Alltag Prioritäten zu setzen,
- die Selbstsicherheit zu stärken und
- sich zufrieden und zielgerichtet zu fühlen.

Fragen zum Nachdenken

Bin ich meinen Werten treu?

•••

Passt mein Verhalten zu meinen Werten oder besteht ein Missverhältnis zwischen dem, was ich für wichtig halte, und dem, was ich tatsächlich tue?

•••

Mit welchen Aktivitäten könnte ich beginnen, um meine Werte regelmäßig umzusetzen?

Wenn Ihre Handlungen mit Ihren Werten im Einklang sind, fühlen Sie sich authentisch und zufrieden.

Häufige Hauptwerte

Überlegen Sie, welche Werte Ihres Enneagramm-Typs für Sie vor allem gelten. Stellen Sie dann zusammen, welche anderen Tugenden, Stärken und Lebensaspekte Sie sehr schätzen.

1 DER VISIONÄR

INTEGRITÄT
FREUNDLICHKEIT
SELBSTBEHERRSCHUNG
FAIRNESS • GÜTE
GERECHTIGKEIT
VERBESSERUNGSWILLE

Beispiel für Freundlichkeit: Sich entscheiden, freundlich anstatt kritisch zu sein.

2 DER VERBINDLICHE

MITGEFÜHL
BEZIEHUNGEN
GROSSZÜGIGKEIT • EINSATZ
INTIMITÄT • EMPATHIE
NACHDENKLICHKEIT

Beispiel für Mitgefühl und Einsatz: Für seine eigenen Bedürfnisse sorgen wie für die der anderen.

3 DER LEUCHTENDE

AUTHENTIZITÄT
WACHSTUM
PRODUKTIVITÄT
HOFFNUNG VERTRAUEN
EHRGEIZ INTEGRITÄT

Beispiel für Authentizität: Seine wahren Gefühle zeigen, auch wenn Bewunderung und Akzeptanz gefährdet sind.

4 DER KÜNSTLER

SELBSTAUSDRUCK
INDIVIDUALITÄT
BEDEUTUNG • ORIGINALITÄT
EHRLICHKEIT • GELTUNG
SCHÖNHEIT

Beispiel für Selbstausdruck: Sich die Zeit nehmen, um kreativ zu sein.

5 DER PHILOSOPH

AUTONOMIE
VERSTÄNDNIS
GESCHICKLICHKEIT • LERNEN
WAHRHAFTIGKEIT • WISSEN
UNABHÄNGIGKEIT

Beispiel für Lernen: Zeit und/ oder Geld in Bildung zu investieren.

6 DER ANWALT

LOYALITÄT
GEMEINSCHAFT
UNTERSTÜTZUNG
VERTRAUENSWÜRDIGKEIT
ZUSAMMENARBEIT
TREUE • MUT

Beispiel für Loyalität: Sich für Menschen und Dinge einsetzen, die einem am Herzen liegen, auch wenn es Überwindung kostet.

7 DER ENTDECKER

FREUDE • FREIHEIT
INNOVATION • OPTIMISMUS
FREUNDSCHAFT • ERKUNDUNG
ABENTEUER

Beispiel für Freundschaft: Verletzlich genug für wahre Freundschaft sein.

9 DER DIPLOMAT

VERBINDUNG
FRIEDEN • EINHEIT
AKZEPTANZ
FREUNDLICHKEIT
EINBEZIEHEN

Beispiel für Verbindung: Neue Kontakte knüpfen und neue Freundschaften eingehen.

8 DER KÄMPFER

LEIDENSCHAFT
FREIHEIT • TAPFERKEIT
GERECHTIGKEIT
AUFRICHTIGKEIT • RESPEKT
EINSATZ

Beispiel für Einsatz: Zeit für die Unterstützung eines Projekts investieren, an das man glaubt.

Selbstfürsorge für jeden Typ

Selbstfürsorge bedeutet, freundlich zu sich selbst zu sein. Jeder weiß, wie man freundlich zu anderen ist – nett, sanft, wertschätzend, geduldig, verständnisvoll, empathisch, ermutigend und liebevoll. Dieses Verhalten auf sich selbst anzuwenden, das ist Selbstfürsorge.

Die Entscheidung, freundlich zu sich selbst zu sein, kann man in jedem Moment eines Tages treffen. Und je nachdem, was man im gegenwärtigen Moment gerade braucht, sieht das anders aus. Es könnte bedeuten, eine eigene Leistung anzuerkennen, ein energiespendendes Frühstück einzunehmen, sich für etwas Zeit zu nehmen, das einem wichtig ist, rechtzeitig schlafen zu gehen, für sich selbst, seine Bedürfnisse und Wünsche einzutreten, Sport zu treiben, seinen Werten treu zu bleiben, eine Pause einzulegen, genug Wasser zu trinken oder sich selbst in emotional belastenden Zeiten mit mitfühlenden und verständnisvollen Worten zu trösten.

Als wir Kinder waren, wurde für uns gesorgt – hoffentlich in ausreichendem Maße. Wir wurden ernährt, zu Bett gebracht, man sagte uns, dass wir Gemüse essen sollten, wir wurden getröstet und wurden mit Erziehung, Lob und Ermutigung gefördert, um erwachsen werden zu können. Als Erwachsene ist es nun unsere Aufgabe, gut für uns selbst zu sorgen. Und wir haben die Wahl, diese Verantwortung mit Freude anzunehmen, denn das Ziel von Selbstfürsorge ist ein friedlicheres und erfüllteres Leben.

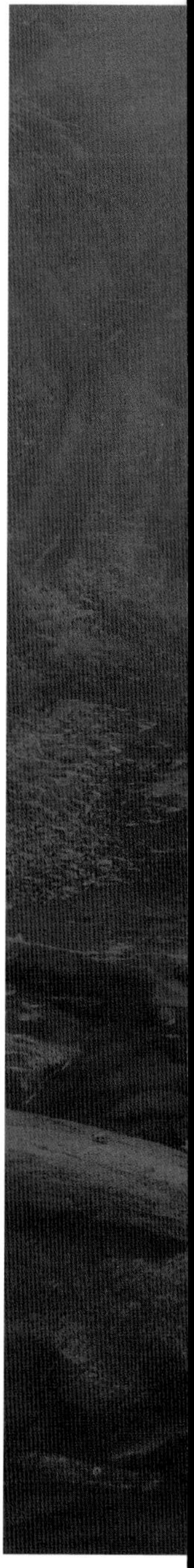

Selbstfürsorge
bedeutet,
freundlich zu
sich selbst
zu sein.

Selbstfürsorge

TYP 1

Herz

- Eine Comedy-Show anschauen, ein lustiges Buch lesen, eine Freundin anrufen, die einen immer zum Lachen bringt.
- Spiele spielen, die man als Kind gern gespielt hat.
- Wenn Sie mit sich im Argen sind, reden Sie mit sich, als würden Sie zu einem Freund sprechen. Sprechen Sie laut zu sich selbst vor einem Spiegel oder schreiben Sie Ihre Ansprache auf, damit sie eindrücklicher wirkt.

Körper

- Betrachten Sie Speisen nach einer Skala von mehr oder weniger nahrhaften Lebensmitteln, nicht in den Kategorien gesund oder ungesund. Pommes frites etwa haben kaum Nährwerte, sie stehen auf der Skala weiter unten. Aber alles im Leben sollte ausgeglichen sein. Essen Sie also auch Sachen weiter oben auf der Skala wie Gemüse, Nüsse und Samen und andere Vollwertprodukte.
- Suchen Sie sich einen Sport, der Ihnen Spaß macht und vielleicht auch ein bisschen lustig ist, zum Beispiel Inlinern, Hula-Hoop, Frisbee, Tanzen, Bergwandern in der Gruppe oder Fußball.
- Atmen Sie dreimal tief durch die Nase ein und aus.

Geist

- Sagen Sie anstatt »sollte« oder »hätte sollen« lieber »könnte« oder »hätte können«.
- Stellen Sie eine Liste von Dingen oder Sachverhalten zusammen, für die Sie verantwortlich sind und um die Sie sich kümmern müssen, und eine von Dingen oder Sachverhalten, für die nicht Sie (sondern eine andere Person oder niemand) verantwortlich sind (ist).
- Jedes Mal, wenn Sie sich kritisieren, machen Sie sich gleich danach ein aufrichtiges Kompliment.

Selbstfürsorge

TYP 2

Herz

- Geben Sie denjenigen etwas, die nichts zurückgeben können, etwa Tieren im Tierheim.
- Fragen Sie sich: Wenn ein Freund in meiner Situation wäre, was würde ihm jetzt gut tun? Dann geben Sie sich selbst genau das.
- Wenn Ihnen jemand von seinen belastenden Gefühlen erzählt, visualisieren Sie eine schöne Vase, in die diese Gefühle fließen, anstatt in Sie einzusickern.

Körper

- Umarmen Sie sich selbst. Seine Arme vor dem Körper zu kreuzen und die Hände auf die Schultern zu legen, wirkt beruhigend und tröstend.
- Betrachten Sie Sport als freundliche Geste gegenüber Ihrem Körper. Ihr Körper braucht Bewegung, um sich gesund und stark zu fühlen. Aber geben Sie diese Freundlichkeit dem Körper so, wie er jetzt ist und überfordern sie ihn nicht. So wächst Ihr Gefühl von Körper- und Selbstakzeptanz.
- Wenn Sie sich emotional unbehaglich oder ängstlich fühlen, finden Sie heraus, wo im Körper dieses Gefühl sitzt. Dann legen Sie die Hand auf diese Stelle, schließen die Augen und atmen tief und ruhig ein und aus.

Geist

- Suchen Sie sich ein neues Hobby oder eine Aktivität nur für sich – zu Ihrer eigenen Freude und Bereicherung.
- Führen Sie sich selbst zum Essen aus oder zu anderen Unternehmungen. Wie fühlt es sich an, nur mit sich selbst etwas zu machen?
- Führen Sie ein Gefühle-Tagebuch: Notieren Sie, wann Sie sich traurig oder unbehaglich fühlen – mit Tageszeit sowie Gedanken und Ereignissen, die im Zusammenhang damit stehen.

Selbstfürsorge

TYP 3

Herz

- Pflanzen Sie Blumen. Richten Sie eine Vogelfutterstelle ein. Kümmern Sie sich um Dinge, die keine Gegenleistung erbringen.
- Malen Sie mit Buntstiften oder Fingerfarbe ein Bild, das veranschaulicht, wie Sie sich fühlen.
- Sammeln Sie Nagellack, Schmuck, Glitter und Nagelsticker und machen Sie sich eine künstlerische Maniküre. Werden Sie kreativ und lassen Sie Ihrer Fantasie freien Lauf.

Körper

- Stellen Sie beim Essen Telefon und elektronische Geräte ab. Kauen Sie langsam und oft, legen Sie die Gabel zwischen den Bissen nieder. Achten Sie auf Aromen und Konsistenz.
- Gönnen Sie sich lange, heiße Duschen und Bäder.
- Nutzen Sie Bewegung, um Ihren Körper zu spüren und sich in der Gegenwart zu verorten. Wie fühlen sich Ihre Füße beim Berühren des Bodens an? Lauschen Sie auf Ihren Atem, fühlen Sie Ihre Lunge und Ihren Herzschlag, spüren Sie, wie die Muskeln sich dehnen und zusammenziehen.

Geist

- Lassen Sie bei Gesprächen vor Ihrer Antwort eine kurze Pause. Während Sie anderen zuhören, atmen Sie ruhig.
- Nehmen Sie Auszeittage. Tun Sie dann nur Dinge, die unproduktiv und mit keiner Verpflichtung verbunden sind. Fragen Sie sich: »Was möchte ich jetzt gern tun? Was würde meiner Seele guttun?«
- Wählen Sie eine Emotion und beobachten Sie eine Woche lang, wann und wie diese in Ihrem Leben auftaucht (zum Beispiel Verlegenheit, Enttäuschung, Eifersucht).

Selbstfürsorge

TYP 4

Herz

- Finden Sie eine kreative Tätigkeit, die anderen dient und Ihren Fokus auf die Außenwelt richtet.
- Gestalten Sie eine Collage des Dankes mit Fotos, Zeitschriftenausschnitten, Stoffmustern oder anderen Materialien.
- Nehmen Sie eine Schachtel oder ein Medaillon, um darin vorübergehend Ihre Gefühle aufzubewahren. Wenn Sie von starken Gefühlen übermannt werden, Ihre Aufmerksamkeit aber gerade anderswo gebraucht wird, können Sie die Gefühle anerkennen und dann beiseitelegen.

Körper

- Lernen Sie die heilende Wirkung von Lebensmitteln auf Gefühle kennen. Zum Beispiel sind Cashewnüsse reich an der beruhigenden Aminosäure Tryptophan. Anstatt ihre Gefühle verändern zu wollen, respektieren Sie sie.
- Lächeln Sie Fremde an. Umarmen Sie Ihre Lieben. Heben Sie Kopf und Blick.
- Trinken Sie viel Wasser und finden Sie eine schmackhafte Art, viel grünes Gemüse zu essen (oder zu trinken). Wasser und grünes Gemüse wirken reinigend.

Geist

- Legen Sie kleine Dankbarkeitspausen ein. Schreiben Sie drei Minuten lang alles auf, wofür Sie dankbar sind oder worüber Sie sich freuen.
- Gehen Sie oft nach draußen und betrachten Sie den Himmel und die Welt um sich herum. Fühlen Sie, wie Ihre Perspektive sich weitet und Ihre Brust sich öffnet.
- Stellen Sie jedem Gefühl, das Sie benennen, auch eine Tatsache gegenüber.

Selbstfürsorge

TYP 5

Herz

- Reservieren Sie sich freie Zeit für etwas, das Ihnen am Herzen liegt.
- Schreiben Sie einen Dankesbrief an jemanden, der Sie positiv beeinflusst hat.
- Gestalten Sie eine Collage aus Seidenpapier: Denken Sie an ein eher unangenehmes Gefühl und fühlen Sie es, während Sie farbiges Papier in Formen schneiden und diese mit Kleber auf einem Papier arrangieren.

Körper

- Denken Sie beim Essen mit Dankbarkeit an all die Menschen und Quellen in der Natur, denen Sie Ihr Essen verdanken – vom landwirtschaftlichen Betrieb den ganzen Weg bis zu Ihrem Teller. Denken Sie daran, wie das Essen Sie mit der Welt verbindet und wie gut für Sie gesorgt ist.
- Etablieren Sie bewusst einen ausgewogenen Rhythmus aus Aktivitäten und Rückzugszeiten, bevor Ihre Energie so weit schwindet, dass Sie davon überrascht und geängstigt werden.
- Verbringen Sie Zeit im Freien und verbinden Sie sich mit der Natur. Während Sie sich darin bewegen und tief einatmen, achten Sie auf all Ihre Sinneswahrnehmungen.

Geist

- Sprechen Sie zu sich selbst mit Wörtern, die eine Vorstellung von Fülle und Sättigung vermitteln: »Ich habe genug, ich bin genug.«
- Gönnen Sie sich freigebig kleine Dinge oder Belohnungen zu Ihrer eigenen Freude oder Ihrem Vorteil.
- Lernen Sie etwas Neues und akzeptieren Sie, dass Sie stolpern und dann die Balance finden werden. Allein diese Erfahrung lässt neben der neuen Fähigkeit Ihr Selbstvertrauen wachsen.

Selbstfürsorge

TYP 6

Herz

- Betrachten Sie die Sterne, steigen Sie irgendwo hinauf und bewundern Sie die Aussicht, oder gehen Sie an einen neuen Ort, um die Sonne auf- oder untergehen zu sehen. Fühlen Sie dabei Demut und Ehrfurcht.
- Kreuzen Sie die Arme vor der Brust und umarmen Sie sich fest.
- Stellen Sie eine Playlist mit Songs zusammen, die all die verschiedenen Emotionen wiedergeben, die Sie im letzten Monat hatten. Fügen Sie ein paar Songs hinzu mit den Emotionen, die Sie gern öfter hätten.

Körper

- Fragen Sie sich während des Essens, nach dem Essen und später am Tag: Wie fühle ich mich durch dieses Essen emotional und körperlich?
- Nutzen Sie Sport, um nervöse Spannung aus Ihrem Körper abzuleiten, und dann erden Sie sich in der beruhigenden Energie der Gegenwart.
- Machen Sie einen fünfminütigen Bodyscan. Nehmen Sie von den Füßen bis zum Kopf wahr, wie sich jeder Körperteil anfühlt – der ein- und ausströmende Atem, das Gewicht Ihrer Augenlider, Ihr Herzschlag usw.

Geist

- Führen Sie ein Selbstvertrauen-Tagebuch. Schreiben Sie die guten Entscheidungen auf, die Sie getroffen haben, auch die ganz kleinen, die Versprechen, die Sie gehalten haben, die Ziele, die Sie erreicht haben, die guten Routinen, die Sie eingeübt haben.
- Üben Sie kleine emotionale Risiken ein, um das Annehmen von Unbehagen zu trainieren. Essen Sie etwas, das Sie noch nie gegessen haben, erzählen Sie auf einer Party eine peinliche Geschichte.
- Finden Sie für jedes negative Ergebnis, das Sie vorhersagen, zwei mögliche positive.

Selbstfürsorge

TYP 7

Herz

- Suchen Sie sich ein meditatives Hobby, bei dem Ihre Hände beschäftigt sind, zum Beispiel Weben, Stricken, Gärtnern, Ausmalen oder Töpfern.
- Machen Sie Ausdruckstanz in Ihrem Zimmer: Bewegen Sie sich zu Musik, die Ihren momentanen Gefühlen entspricht, und lassen Sie sich davon führen.
- Schauen Sie einen Film an, in dem es um ein schmerzhaftes Gefühl geht, das gerade auch Ihr Leben beherrscht.

Körper

- Achten Sie auf all Ihre fünf Sinne und darauf, was Sie im gegenwärtigen Moment gerade wahrnehmen.
- Nutzen Sie Sport, um zur Ruhe zu kommen. Lassen Sie sich dadurch vom Gedankenkarussell in Ihrem Kopf ablenken und in die Schwerkraft Ihres Körpers hineinziehen.
- Essen Sie Obst und Gemüse auf neue, interessante Art, zum Beispiel mit raffinierten Toppings. Auch Essen und Gesundheit können Spaß machen.

Geist

- Üben Sie, allein zu sein, ohne Ablenkungen oder Unterhaltung. Wenn Sie das schwierig finden, beginnen Sie mit kurzen Zeiträumen, die Sie nach und nach verlängern.
- Achten Sie im Laufe des Tages auf die alltäglichen kleinen Wunder und lassen Sie sie in sich einsinken. So wird es für Sie nach und nach leichter werden, in der Gegenwart zufrieden zu sein.
- Schreiben Sie eine Liste mit Bezeichnungen für Emotionen und benennen Sie mit deren Hilfe im Laufe des Tages Ihre aktuellen Gefühle.

Selbstfürsorge

TYP 8

Herz

- Besinnen Sie sich auf Güte und Unschuld. Verbringen Sie Zeit mit Tieren oder den Kindern in Ihrem Leben. Stellen oder hängen Sie bei sich zu Hause Kindheitsbilder von sich auf.
- Betrachten Sie Ihre Emotionen mit Neugier und Sanftmut und ohne Wertung. Lassen Sie sie sein, was sie sind, und lernen Sie von ihnen.
- Sammeln Sie kleine Dinge und gestalten Sie eine Collage. Denken Sie dabei an ein emotionales Problem, das Sie lieber ausblenden würden. Visualisieren Sie es, während Sie die Collage herstellen.

Körper

- Suchen Sie sich einen fordernden Sport, der Ihnen gefällt, um dabei Aggressionen und überschüssige Energie loszuwerden, zum Beispiel Boxen, Intervall-Training oder Klettern.
- Drücken Sie Ihre Hand fest auf Ihr Herz, schließen Sie die Augen und atmen Sie tief ein und aus.
- Anstatt sich bestimmte Lebensmittel zu versagen und sich eingeschränkt zu fühlen, versuchen Sie, allgemein mehr Lebensmittel mit hohem Nährwert zu essen.

Geist

- Teilen Sie denjenigen, die Ihnen am nächsten stehen, häufiger Ihre heiklen Gefühle mit. Bitten Sie um Hilfe, damit Ihre emotionalen Bedürfnisse erfüllt werden.
- Sprechen Sie dieses Mantra: »Ich befreie mich von der Vorstellung, dass ich Kontrolle über die Menschen oder die Welt um mich herum habe. Ich kann Entscheidungen für und über mich treffen, mehr nicht.«
- Stellen Sie einen Timer auf fünf Minuten und entleeren Sie Ihren Geist, indem Sie alles, was Ihnen gerade in den Sinn kommt, aufschreiben.

Selbstfürsorge

TYP 9

Herz

- Verschenken Sie Zeit. Was Sie tun (oder nicht tun) hat immer Bedeutung.
- Machen Sie einen »Gefühlsspaziergang«. Gehen Sie mit einem unangenehmen Gefühl oder Problem im Kopf einmal um den Block und visualisieren Sie, wie Sie diesem Gefühl oder Problem Raum geben. Lassen Sie es beim Gehen sein, was es ist.
- Pflanzen Sie Gemüse im Garten oder in Töpfen an und schenken Sie Ihre Ernte Freunden oder Bedürftigen.

Körper

- Haben Sie immer nahrhaftes, vollwertiges Essen im Haus, das Sie mögen und kurzfristig verzehren können: Beeren, Nüsse, Samen, Obst, hartgekochte Eier usw. Gesundes Essen muss keine Umstände machen.
- Trinken Sie viel Wasser und Smoothies aus frischem Obst oder Gemüse. Es hilft Ihnen, konzentrierter und wacher zu sein, und intensiviert Ihre Erfahrungen.
- Bewegen Sie sich jeden Tag. Ob Yoga, Radfahren, Hampelmann im Wohnzimmer oder Bergsteigen – Hauptsache, Sie bewegen sich. Sport gibt Ihnen mehr Energie, als dabei verbraucht wird.

Kopf

- Schreiben Sie Ihre fünf Prioritäten im Leben auf und bringen Sie die Liste irgendwo sichtbar an. Entscheiden Sie alle paar Wochen, ob etwas geändert werden muss.
- Sagen Sie »Nein, danke« anstatt »Tut mir leid, aber ...«.
- Benennen und formulieren Sie Ihre Vorlieben, auch weniger bedeutende oder solche, bei denen Sie durchaus flexibel sind.

Seine Selbstfürsorge stärken

1. Möge ich mir erlauben, nicht perfekt zu sein.
2. Möge ich mich liebevoll um mich selbst kümmern.
3. Möge ich mir meines Wertes sicher sein.
4. Möge ich sicher sein, hierher zu gehören.
5. Möge ich großzügig mit mir selbst sein.
6. Möge ich Gutes für mich erwarten.
7. Möge ich mich in diesem Moment wohlfühlen.
8. Möge ich sanft zu mir sein.
9. Möge ich meinen Gefühlen und Gedanken ausreichend Raum geben.

Das Enneagramm und Beziehungs-stärkung

Die Unterschiede zwischen sich und anderen respektieren, Gemeinsamkeiten finden und lernen, gute Beziehungen zu führen

Beziehungs-stärkung

Bei Beziehungsstärkung geht es um Sie, nicht um diejenigen, mit denen Sie in Beziehung stehen. Da Sie andere nicht ändern oder verbessern können (Sie können nur sich selbst oder Ihre Haltung ändern), geht es in diesem Kapitel ausschließlich um Sie und darum, wie Sie gestärkt eine gute Beziehung führen.

DAS ENNEAGRAMM KANN HELFEN …

- die Gemeinsamkeiten zwischen sich und anderen zu finden,
- die Unterschiede zwischen sich und anderen zu respektieren,
- Ihre Perspektive zu ändern oder den Horizont zu erweitern,
- Ihr Mitgefühl und Verständnis zu vergrößern,
- wirkungsvoller zu kommunizieren,
- Ihre Bedürfnisse zu erkennen und auszudrücken und
- gesunde Grenzen zu setzen und zu verteidigen.

SUBTYPEN, HALTUNGEN UND WEISHEITSZENTREN

In den folgenden drei Abschnitten sind drei Facetten des Enneagramms beschrieben, die unser Verständnis von uns selbst und anderen vertiefen: Haltungen, Subtypen und Weisheitszentren. Durch sie erhalten wir Einsicht in unsere ganz persönlichen Bedürfnisse in menschlichen Beziehungen, unseren Kommunikations- und Umgangsstil sowie die Maßnahmen, um gesunde Grenzen zu setzen.

Nicht jeder Mensch erlebt die Welt auf die gleiche Weise wie Sie. Über das Enneagramm lernen wir, dass es neun Grundtypen von »Brillen« oder Sichtweisen gibt, und jede zeigt die Welt in unterschiedlichen Farben, in unterschiedlicher Beschaffenheit und mit unterschiedlichen Dingen, Phänomenen oder Ideen, die mehr oder weniger im Fokus liegen. Hat man erkannt, dass andere Menschen (zum Beispiel Mutter, Freund, Kollege, Partner usw.) alle verschiedene »Brillen« tragen, wirft das ein ganz neues Licht auf die Dynamik der jeweiligen Beziehung zu ihnen. Man versteht besser, warum andere auf bestimmte Art agieren und reagieren – und eben nicht so, wie man selber es täte.

Die drei Subtypen

Zu jedem Enneagramm-Typ gibt es drei Subtypen oder Versionen dieses Typs mit jeweils verschiedenen Prioritäten und Bedürfnissen: den sozialen Subtyp, den sexuellen Subtyp und den Selbsterhaltungssubtyp. Jeder Enneagramm-Typ kann jeder Subtyp sein, der dann den Ausdruck der Persönlichkeit beeinflusst.

Sozialer Subtyp

BEI DIESEM TYP IST DAS BEDÜRFNIS NACH **GRUPPENZUGEHÖRIGKEIT** UND **SOZIALEM STATUS** VORRANGIG.

Sexueller Subtyp

BEI DIESEM LIEGT DIE PRIORITÄT AUF DEM BEDÜRFNIS NACH **TIEFEN INDIVIDUELLEN VERBINDUNGEN** UND **ERFAHRUNGEN.**

Selbsterhaltungssubtyp

DIESEM TYP SIND VOR ALLEM **SICHERHEIT** UND **MATERIELLE BEDÜRFNISSE** WICHTIG.

Natürlich haben wir alle körperliche Bedürfnisse, solche nach sozialer Zugehörigkeit, nach intensiven Verbindungen und nach Bedeutung. Und sie sind alle wichtig. Aber jeder Mensch richtet seine Aufmerksamkeit stärker auf einige dieser Bedürfnisse, während die anderen weniger bedeutend sind. Daher kann es verwirrend oder sogar ärgerlich sein, wenn andere unsere Prioritäten nicht teilen. Das Wissen über Subtypen kann solche Situationen klären, weil man versteht, dass für einen selbst andere Bedürfnisse im Vordergrund stehen als für andere. In Beziehungen sollte man darum seine Bedürfnisse deutlich äußern und seinen Partner nach deren Bedürfnissen fragen.

Ihr Subtyp hat damit zu tun, welchen Bedürfnissen Sie im Leben instinktiv Vorrang geben und auf welche Aspekte sich Ihre Aufmerksamkeit automatisch richtet. Stellen Sie sich folgende Situationen vor:

Wenn Sie auf eine Party gehen, worauf achten Sie als Erstes?

1. Die herrschende Gruppendynamik und Sozialstruktur: Wer ist da, wer ist Gastgeber, wer gehört zu wem, sind wichtige Gäste da usw.
2. Auf etwas, auf das Sie sich einlassen möchten und das Ihren Abend zu etwas Besonderem macht – eine Person, eine Gelegenheit, eine Erfahrung ...
3. Die materiellen Fakten: Essen und Trinken, wie viel wohl alles gekostet hat, wo die Notausgänge sind ...

Bei einer großen, lebensverändernden Entscheidung, welches Ergebnis wäre Ihnen automatisch am wichtigsten?

1. Gute soziale Unterstützung, ein guter Ruf oder die Gemeinschaft.
2. Eine Lebenserfahrung, die für Sie bedeutend oder wichtig ist.
3. Finanzielle Sicherheit und logistische Sinnhaftigkeit.

Wenn Sie ein neues Sofa fürs Wohnzimmer kaufen wollen, für welches würden Sie sich entscheiden?

1. Das Sofa, das am meisten Eindruck macht und/oder Ihre Bedürfnisse als Gastgeber am besten erfüllt.
2. Das Sofa, das Sie am schönsten finden und/oder das ganz besonders und einzigartig ist.
3. Das Sofa, das am preisgünstigsten ist und/oder am bequemsten.

Ein sozialer Subtyp wählt meist die erste Antwort in allen Szenarien, ein sexueller Subtyp die zweite und ein Selbsterhaltungssubtyp die dritte.

SUBTYP MIT SOZIALEN PRIORITÄTEN

Für soziale Subtypen hat Gruppenzugehörigkeit Prio 1. Ihre Aufmerksamkeit richtet sich zum Beispiel auf Gemeinschaften, Gruppendynamik, Sozialstrukturen, Rollen und Anerkennung. Ihr Bedürfnis ist, einen guten Platz in der Gesellschaft oder einer Gemeinschaft zu haben. Dinge wie Mitgliedschaft, Zugehörigkeit, Ansehen, Status oder die Bedürfnisse des Teams sind ihnen wichtig.

SUBTYP MIT SEXUELLER PRIORITÄT

Bei sexuellen Subtypen liegt die Priorität auf Zweierbeziehungen. Ihre Aufmerksamkeit richtet sich auf Bindung, Anziehung und Befriedigung. Sie werden von dem Bedürfnis angetrieben, eine tiefe Verbindung zu anderen Menschen zu haben wie auch zu verschiedenen Facetten ihres Lebens, zum Beispiel Glauben, Karriere, Hobbys oder Zielen. Oft achten sie auf die Einzelheiten von etwas, das ihnen ein gefühlsmäßig bedeutendes Erlebnis bieten wird.

SUBTYP MIT SELBSTERHALTUNGSPRIORITÄT

Selbsterhaltungssubtypen achten vor allem auf ihre körperlichen Bedürfnisse. Ihre Aufmerksamkeit richtet sich auf Dinge wie Sicherheit und materielle Versorgung und Komfort, denn sie möchten sich körperlich umsorgt und behaglich fühlen. Oft achten sie auf finanzielle Sicherheit, Nahrung und Hygiene, gute Planung, Gesundheit, vorbeugende Maßnahmen, Annehmlichkeiten usw.

Jeder Enneagramm-Typ kann jeden Subtyp verkörpern. Zum Beispiel kann ein Typ 1 einen sozialen, einen sexuellen oder einen Selbsterhaltungssubtyp haben, gleiches gilt für auch die anderen Typen. Unabhängig vom dominanten Enneagramm-Typ beschreibt der Subtyp eine tiefere Dimension der Persönlichkeit. Obwohl eine Vier immer anders ist als eine Sechs, haben eine Vier und eine Sechs mit dem gleichen Subtyp mehr gemeinsam, als wenn sie unterschiedliche Subtypen wären. Ihr dominanter Typ beschreibt die Hauptaspekte, die Sie antreiben, während der Subtyp beschreibt, wo die Prioritäten im Leben liegen und worauf Sie die meiste Aufmerksamkeit richten.

In Beziehungen sollte man seine Bedürfnisse deutlich äußern und seine Partner nach deren Bedürfnissen fragen.

Subtypen und zwischenmenschliche Beziehungen

- **Denken Sie über Ihren Subtyp nach und darüber, welche Bedürfnisse in Ihrem Leben Priorität haben:** diejenigen nach sozialer Interaktion, nach Intimität und Sinnhaftigkeit oder nach materieller Sicherheit und Komfort. Achten Sie darauf, welche Ihnen im Alltag wichtiger sind und auf welche andere Menschen mehr Wert legen. So entwickeln Sie ein Verständnis dafür, warum Sie Situationen anders berurteilen, anders handeln und Probleme anders lösen als andere Menschen.
- **Hinter allem, was in Ihrem Leben Priorität hat, steht ein Urbedürfnis.** Das Gleiche gilt für diejenigen, mit denen Sie in einer Beziehung stehen. Das Bedürfnis, sich ruhig und sicher zu fühlen, ist die Ursache, wenn einem Routinen wichtig sind, man jeden Morgen sein Bett macht, jeden Abend seine Zähne putzt oder bequeme Kleidung trägt. Das Bedürfnis, sozial dazuzugehören, führt zu der Priorität, viel Zeit mit Freunden zu verbringen oder sich in den sozialen Medien mit anderen zu verbinden. Passen Prioritäten nicht zusammen, kann es Streitigkeiten geben, zum Beispiel wenn Sie in ein Restaurant gehen wollen, das etwas Besonderes für Sie beide ist, Ihr Partner aber in eines, das weniger teuer ist. Sobald Sie Ihre Differenzen im Licht der Bedürfnisse der anderen Person sehen, werden Sie sich und Ihrem Partner mit mehr Mitgefühl und Verständnis begegnen können.
- **Äußern Sie bei Konflikten Ihren Standpunkt bezogen auf Ihre eigenen Bedürfnisse und nicht als Problem des anderen.** Anstatt zum Beispiel zu sagen: »Es ist nicht in Ordnung, wenn du allen Leuten persönliche Dinge über mich erzählst«, könnten Sie sagen: »Ich möchte das Gefühl haben, bei dir offen und verletzlich sein zu können. Dafür muss ich sicher sein, dass du Persönliches über mein Leben für dich behältst.« Ihre Bedürfnisse zu erklären und für sie einzustehen, stärkt Sie in einem Konflikt, ohne dass Sie eine verteidigende oder vorwurfsvolle Haltung einnehmen.

- **Erkennen Sie die Bedeutung sowohl Ihrer eigenen Bedürfnisse als auch die der anderen an.** Das Bedürfnis, finanziell abgesichert zu sein, das Bedürfnis, sozial eingebunden zu sein und das Bedürfnis nach Intimität und Bedeutung sind alle gleichermaßen wichtig.
- **Sie haben eine natürliche Neigung, einigen Bedürfnissen Vorrang zu geben.** Manchmal ist es jedoch empfehlenswert, einem Bedürfnis nicht nachzugeben, um ein anderes in den Vordergrund zu stellen. Zum Beispiel könnten Sie merken, dass Sie sich auf jemanden einlassen möchten, nicht weil Sie ihn wirklich mögen, sondern weil Sie ihn aufgrund seines Status attraktiv finden. Das Bedürfnis nach sozialem Aufstieg ist berechtigt, doch vielleicht sollten Sie dem nach Authentizität und emotionaler Verbindung Vorrang geben. Anstatt automatisch zu handeln, können Sie ergründen, welches Bedürfnis Sie gerade antreibt, und sich dann bewusst dafür oder dagegen entscheiden.
- **Worauf sich Ihre Aufmerksamkeit automatisch richtet, kann sehr verschieden von dem sein, was Ihre Freunde, Ihr Chef oder Ihr Partner wichtig finden.** In einer Zweierbeziehung könnte zum Beispiel eine Person vor allem die Sicherheit des Partners im Blick haben: ob bei dessen Auto alles in Ordnung ist, ob genügend für die Rente gespart wird und ob ein regelmäßiger Check-up beim Arzt stattfindet. Derweil achtet der andere Partner vor allem auf romantische Gesten und darauf, dass die Intimität in der Beziehung nicht zu kurz kommt. Sind Ihnen die Subtypen bewusst, können Sie Ihre Bedürfnisse äußern, anstatt zu erwarten, dass der andere sie intuitiv erfasst. Anstatt frustriert zu sein, dass ihr Partner nie soziale Aktivitäten initiiert, könnten Sie sagen: »Ich liebe unsere Zeit zu zweit, aber manchmal möchte ich auch etwas mit mehreren Leuten unternehmen. Für mich ist es wichtig, sozial breit aufgestellt zu sein.«

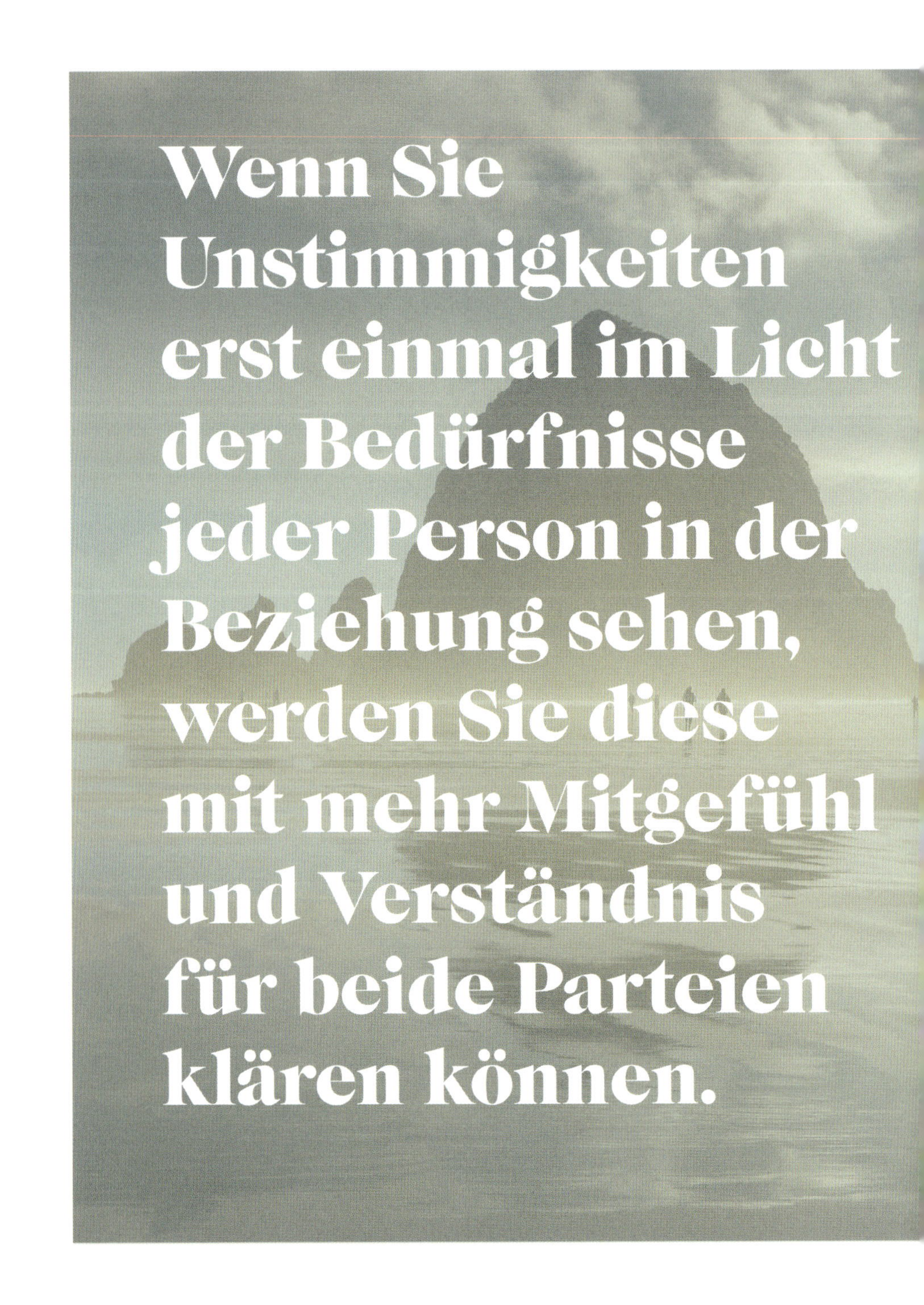

Wenn Sie Unstimmigkeiten erst einmal im Licht der Bedürfnisse jeder Person in der Beziehung sehen, werden Sie diese mit mehr Mitgefühl und Verständnis für beide Parteien klären können.

- **Streit entsteht häufig aus einem Konflikt zwischen unterschiedlichen Bedürfnissen.** Sobald die Bedürfnisse jeder Partei anerkannt werden, kann der Konflikt deeskaliert werden. Sind Sie zum Beispiel wütend, halten Sie inne und fragen Sie sich: Welches meiner Bedürfnisse kommt hier zu kurz? Und welches Bedürfnis hat der andere? Der Wutanfall eines Kindes kann oft verhindert werden, indem man auf die Befriedigung seiner Bedürfnisse achtet: genügend Schlaf, Essen und Anerkennung seiner Gefühle. Bei Erwachsenen ist es ähnlich. Wir brauchen Ruhe, Essen, Trost und Bindung. Eine Konfliktlösung beginnt oft damit, Bedürfnisse auszudrücken und anzuerkennen. Dann kann man zusammen Wege suchen, wie sie befriedigt werden können.
- **Stellen Sie anderen offene Fragen nach Ihren Prioritäten und Bedürfnissen:**
  - » Kannst du mir sagen, warum es für dich so wichtig ist, das Haus sauber zu halten?
  - » Ich würde sehr gern wissen, warum du unbedingt möchtest, dass wir am Wochenende etwas mit anderen zusammen unternehmen.
  - » Ich weiß, du möchtest, dass unsere Beziehung lebendig und aufregend bleibt. Wieso bedeutet dir das so viel?

Die drei Haltungen

Enneagramm-Haltungen beschreiben den Stil und die Muster, mit denen man seine Bedürfnisse, etwa nach Sicherheit, Freiheit oder Verbindung, durchzusetzen versucht. Ihre Haltung ist die für die Bedürfnisbefriedigung automatisch eingeschlagene Bewegungsrichtung.

Nachgiebige Haltung

TYPEN 1-2-6

BEWEGUNG AUF ANDERE ZU

Verschlossene Haltung

TYPEN 4-5-9

BEWEGUNG VON ANDEREN WEG

Bestimmende Haltung

TYPEN 3-7-8

BEWEGUNG GEGEN ANDERE

Diejenigen mit **nachgiebiger Haltung** (Typ 1, 2 und 6) bewegen sich auf andere zu, um eigene Bedürfnisse erfüllt zu bekommen – die Eins das Bedürfnis nach Anerkennung, die Zwei das nach Liebe, die Sechs das nach Sicherheit.

Diejenigen mit **verschlossener Haltung** (Typ 4, 5 und 9) bewegen sich von anderen fort, um ihre Bedürfnisse erfüllt zu bekommen. In sich gekehrt, bewegt sich die Vier weg von dem Gefühl, dass ihr in der äußeren Welt etwas fehlt, die Fünf weg von dem Gefühl, nicht zu genügen, und die Neun weg von Konflikten und Unbehagen.

Diejenigen mit **bestimmender Haltung** (Typ 3, 7 und 8) bewegen sich direkt und dabei oft konfrontativ gegen andere, um ihre Bedürfnisse erfüllt zu bekommen. Die Drei verfolgt vor allem ihr eigenes Ziel, die Sieben die persönliche Befriedigung und die Acht ihre eigene Agenda.

Das Erkennen seiner persönlichen Enneagramm-Haltung führt zu einer aufschlussreichen Einsicht in eigene Tendenzen in Bezug auf gesunde Grenzen (oder deren Fehlen) in Beziehungen. Gesunde Grenzen zu wahren, wirkt stärkend. Doch um sie aufrechtzuerhalten, muss man zuerst verstehen, was Grenzen sind, wie man sie zieht und wie man sie respektiert.

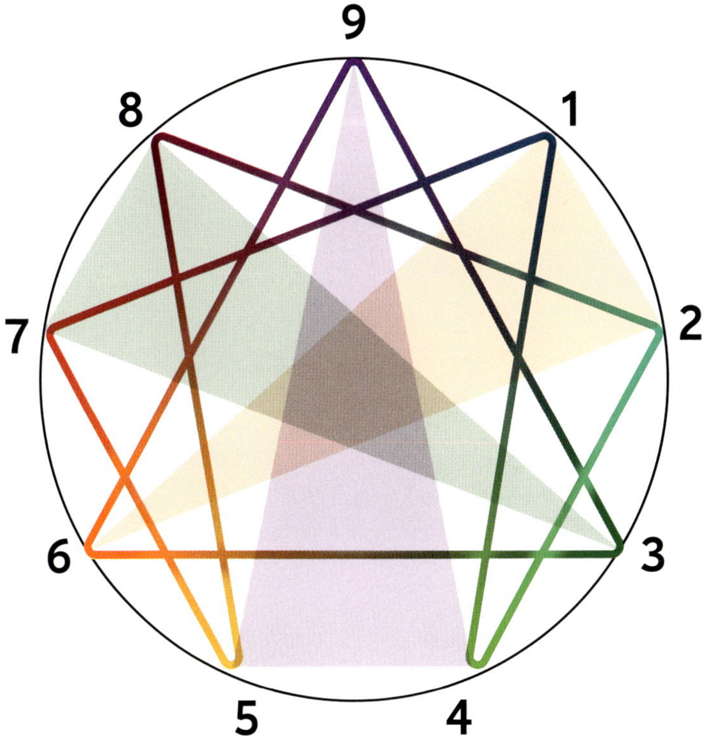

Typen mit nachgiebiger Haltung haben Probleme, Grenzen zu erkennen, Typen mit verschlossener Haltung, diese zu ziehen, und Typen mit bestimmender Haltung, diese zu respektieren.

Was sind Grenzen?

Grenzen sind die unsichtbaren Trennlinien zwischen zwei Menschen. Wer gesunde Grenzen einhält, steht zu seinen Emotionen, Gedanken und Handlungen und übernimmt Verantwortung dafür, während man anderen Menschen die Verantwortung für die ihren überlässt. Eigene und fremde Grenzen zu akzeptieren und zu respektieren ebnet den Weg für Beziehungen, in denen sich alle angenommen und umsorgt fühlen.

Ihre Sache	Sache des Gegenübers
IHRE EMOTIONEN	SEINE EMOTIONEN
IHRE GEDANKEN	SEINE GEDANKEN
IHRE PROBLEME	SEINE PROBLEME
IHRE ZIELE	SEINE ZIELE
IHRE BEDÜRFNISSE	SEINE BEDÜRFNISSE
IHRE VORLIEBEN	SEINE VORLIEBEN
IHRE ÄNGSTE	SEINE ÄNGSTE
IHR SCHMERZ	SEIN SCHMERZ
IHRE ENTSCHEIDUNGEN	SEINE ENTSCHEIDUNGEN
IHRE WAHL	SEINE WAHL
IHRE ÜBERZEUGUNGEN	SEINE ÜBERZEUGUNGEN
IHRE GEFÜHLE	SEINE GEFÜHLE
IHR KÖRPER	SEIN KÖRPER
IHR LEBEN	SEIN LEBEN

Bei Kindern und Menschen mit besonderen Bedürfnissen können Grenzen andere Merkmale haben. Dies ist nur ein grober Überblick über die Arten von Grenzen, die je nach Beziehung individuell unterschiedlich ausfallen können.

FEHLENDE GRENZEN KÖNNEN DIES ZUR FOLGE HABEN:

- Beziehungs-Burn-out
- Groll
- Sich vom anderen abhängig zu fühlen.
- Sich durch ein Gefühl der Verpflichtung, den anderen zu lieben, erschöpft zu fühlen, anstatt sich durch die Chance, den anderen zu lieben, gut zu fühlen.
- Unnötig durch Gefühle oder Belastungen zu leiden, die nicht die eigenen sind.
- Andere als weniger fähig oder unabhängig anzusehen als sich selbst, indem man ihnen Hilfe, Schutz oder auch nur seine Meinung aufdrängt.
- Andere zu frustrieren, indem man sie für eigene negative Gefühle verantwortlich macht und erwartet, dass sie die eigenen Bedürfnisse prophetisch erahnen können.
- Seine Liebsten zu vernachlässigen, indem man zu viel Energie auf Menschen verwendet, die nicht zur eigenen Priorität zählen.
- Eine Million andere Probleme ...

GEGENSEITIG GRENZEN ZU ACHTEN, FÜHRT ZU:

- Beziehungen, in denen man gemeinsame Gefühle, Werte, Erfahrungen und Wünsche feiert.
- der Fähigkeit, friedlich und freundlich mit den Unterschieden und Unstimmigkeiten umzugehen, die zwischen einem selbst und anderen existieren.

Was können Sie kontrollieren?

Sie haben in Ihren Beziehungen ziemlich viel Macht. Diese hat jedoch damit zu tun, wie Sie selbst sich verhalten, denn nur das können Sie kontrollieren. Sie können wählen, wie Sie mit Ihren Empfindungen umgehen. Sie können wählen, wie Sie andere behandeln. Sie können wählen, wie Sie Ihr Leben führen.

Andere Menschen können Sie jedoch nicht kontrollieren, das liegt nicht in Ihrer Macht. Sie können nicht für andere eine Entscheidung treffen, Sie können deren Gedanken, Gefühle und Verhalten nicht ändern.

Deswegen ist es so wichtig, Grenzen anzuerkennen. Wir fügen uns selbst und anderen viel Schmerz zu und sorgen für Frustration, wenn wir versuchen, etwas zu verändern oder zu kontrollieren, wozu wir keine Macht haben (und auch nicht haben sollten).

IN BEZIEHUNGEN …

… können Sie

- Bitten aussprechen,
- Hilfe anbieten,
- Ihre Gefühle mitteilen,
- Ihre Gedanken und Meinungen ausdrücken,
- Ihre Grenzen bestimmen,
- Liebe schenken und Verbindungen stärken,

Sie können auch

- Bitten erfüllen oder nicht,
- Hilfe annehmen oder ablehnen,
- entscheiden, wie Sie auf Gefühle anderer reagieren,
- entscheiden, wie Sie auf Meinungen anderer reagieren,
- die Grenzen anderer respektieren oder nicht beachten,
- Liebes- und Bindungsangebote annehmen oder nicht.

Aber Sie können nicht

- Gefühle, Gedanken oder Verhalten anderer Personen kontrollieren.

Und auch nicht

- Gefühle, Gedanken oder Verhalten anderer Personen verändern.

In Beziehungen (sogar in den engsten) können Sie nicht verändern oder kontrollieren, wie Ihr Gegenüber fühlt oder wie und was es entscheiden wird. Das liegt nicht in Ihrer Macht. Entsprechend kann der andere nicht verändern oder kontrollieren, wie Sie fühlen oder wie und was Sie entscheiden. Das liegt nicht in der Macht des anderen. Sie können nur entscheiden, wie Sie sich zueinander verhalten. Daher muss man die Verantwortung für das übernehmen, was man bestimmen kann, und nicht versuchen, über das zu bestimmen, worüber man keine Macht hat.

Die nachgiebige Haltung

TYP 1
DER VISIONÄR

TYP 2
DER VERBINDLICHE

TYP 6
DER ANWALT

Diese Typen können extrovertiert sein – oder auch nicht. Aber wenn es um die Erfüllung ihrer Hauptbedürfnisse geht, wenden sie sich anderen Menschen zu. Einser auf der Suche nach Anerkennung ihrer Qualitäten, Zweier auf der Suche nach Liebe und Zuneigung und Sechser auf der Suche nach Sicherheit und Stabilität.

Diese Typen fühlen sich (zu) stark verpflichtet, die Bedürfnisse oder Erwartungen anderer zu erfüllen. Oft sind sie so sehr damit beschäftigt, in Beziehungen »das Richtige« zu tun, das »Liebevolle« oder »das für das Team Passende«, dass sie Mühe haben, die Grenze zwischen sich und anderen zu erkennen. Daher fühlen sie sich oft von Beziehungen erschöpft oder als selbstverständlich wahrgenommen, können aber nicht sagen, warum. Aufgrund ihrer Schwierigkeit, die eigenen Bedürfnisse zu benennen oder sie sich einzugestehen, greifen sie oft auf passiv-aggressives Verhalten zurück, um ihre Bedürfnisse durchzusetzen.

GESUNDE GRENZEN IDENTIFIZIEREN

- **Üben Sie, die Grenzlinien zwischen sich und anderen zu erkennen.** Fragen Sie sich: Ist das mein Gefühl oder ihres? Ist das meine Entscheidung oder ihre? Ist das meine Verantwortung oder ihre?
- Wenn Sie sich von einer Beziehung erschöpft fühlen, **überlegen Sie, welche eigenen Grenzen Sie versehentlich missachtet haben.** Belasten Sie sich mit etwas, das nicht Ihres ist? Wollen Sie ein Problem lösen, das nicht Sie lösen sollten? Oder wollen Sie ein Bedürfnis erfüllen, das nicht Sie erfüllen sollten?
- **Immer wenn das Wort »sollte« auftaucht, betrachten Sie die Situation genauer.** Oft heißt es, dass Ihr Tun auf der Erwartung eines anderen beruht. Achten Sie darauf, Ihre eigenen Standards zu setzen, Ihre eigenen Erwartungen zu haben und Ihren eigenen Überzeugungen und Vorstellungen zu folgen.
- **Übernehmen Sie Verantwortung für Ihre eigenen Gefühle und Bedürfnisse.** Wenn Sie sich verletzt fühlen und Ihr Gefühl anerkannt wissen möchten, sagen Sie: »Ich fühle mich verletzt und würde gern über den Grund sprechen.« Wenn Sie sich in Ihrer Beziehung unsicher fühlen, können Sie sagen: »Ich fühle mich in unserer Beziehung unsicher und würde gern darüber reden.« Darauf zu warten, dass jemand Ihre Gefühle und Bedürfnisse erahnt, darüber zu schweigen oder lediglich subtile Andeutungen zu machen, führt nur zur Frustration aller Beteiligten.
- Bevor Sie sich für jemanden verausgaben, überlegen Sie einen Moment, warum Sie das tun und wie Sie sich dabei fühlen. Bedenken Sie: **Geschenke, die man widerstrebend macht, sind keine wahren Geschenke.** Zu lieben, um wiedergeliebt zu werden, ist keine wahre Liebe. Und jemandem aus Verpflichtung eine Gunst zu erweisen, ist oft ein Zeichen von fehlenden Grenzen.

Die verschlossene Haltung

TYP 4
DER KÜNSTLER

TYP 5
DER PHILOSOPH

TYP 9
DER DIPLOMAT

Diese Typen neigen mehr als andere dazu, für sich selbst zu bleiben, und fühlen sich von der Welt um sie herum oft überfordert. Einige sind durchaus sehr sozial und beziehungsfähig, aber was die Befriedigung ihrer Hauptbedürfnisse angeht, gehen sie nicht auf andere Menschen zu, sondern wenden sich nach innen und ziehen sich von anderen zurück.

Vierer treten den Rückzug an, weil sie das Gefühl vermeiden wollen, dass sie in der Außenwelt etwas vermissen. Fünfer ziehen sich zurück, um das Gefühl zu vermeiden, in der Außenwelt unzulänglich zu sein. Neuner wollen mit ihrem Rückzug nach innen Unbehagen und Konflikten ausweichen. Typen mit verschlossener Haltung legen großen Wert auf ihre Grenzen. Sie brauchen viel eigenen Raum und die Freiheit, eigene Entscheidungen zu treffen. Weil sie jedoch ihre Grenzen nur schlecht artikulieren und verteidigen können, haben sie oft das Gefühl, dass diese übertreten und nicht respektiert werden.

GESUNDE GRENZEN IDENTIFIZIEREN

- **Sie müssen Ihre Bedürfnisse und Vorlieben konkret äußern,** wenn Sie wollen, dass sie anerkannt und respektiert werden.
- **Wenn Sie »Ja« sagen, ohne es eigentlich zu wollen, überlegen Sie, woran das liegt.** Vierer sagen nicht gern Nein, weil sie befürchten, sonst nicht mehr gemocht zu werden, Neuner, weil sie niemanden verärgern wollen, und Fünfer, weil ihnen gar nicht in den Sinn kommt, dass sie auch Nein sagen könnten. Sie können jederzeit wählen, ob Sie Ja oder Nein sagen!
- Wenn Sie sich beleidigt, nicht respektiert, nicht anerkannt oder überfahren fühlen, **überlegen Sie, ob eine Ihrer persönlichen Grenzen überschritten wurde.** Fragen Sie sich: Wie kann ich diese Grenze der betreffenden Person eindeutig klarmachen?
- Wenn Sie sich in einer Beziehung frustriert fühlen, haben Sie vielleicht die Tendenz, sich zurückzuziehen: zu schweigen, das Thema zu wechseln, die andere Person zu meiden oder sogar die Beziehung zu beenden. Wenn Ihnen jedoch an der Beziehung gelegen ist, sind diese Verhaltensweisen alle nicht hilfreich. **Stattdessen könnten Sie überlegen, welche Grenzwahrung Ihnen erlauben würden, die Interaktion oder die Beziehung fortzusetzen.** In einer hitzigen Diskussion könnten Sie zum Beispiel sagen: »Das ist mir gerade zu viel, ich brauche eine Pause. Können wir in einer Stunde weiter darüber sprechen?«
- **Lernen Sie, in wichtigen Beziehungen Ihre Stimme zu gebrauchen.** Wenn Sie Ihre Vorlieben anerkannt haben möchten, müssen Sie sie kommunizieren. Wenn Sie möchten, dass eine Person Ihre Gefühle ihr gegenüber kennt, müssen Sie sie äußern. Wenn Sie möchten, dass man Ihre Grenzen respektiert, müssen Sie sie klar beschreiben. Und wenn Sie erst lernen wollen, Ihre Stimme in Beziehungen einzusetzen, müssen Sie jemanden um Hilfe bitten.

Die bestimmende Haltung

TYP 3
DER LEUCHTENDE

TYP 7
DER ENTDECKER

TYP 8
DER KÄMPFER

Diese Typen haben bei Interaktionen einen eigenmächtigen Stil. Um ihre Bedürfnisse zu befriedigen und ihre Ziele zu erreichen, gehen sie direkt auf andere zu, was manchmal recht aufdringlich wirkt.

Dreier streben ihre Ziele und erwünschten Leistungen geradewegs an, Siebener streben Befriedigung und Ablenkung und Achter Ihre eigene Agenda und das, was ihre Unabhängigkeit sichert, forsch an. Diese Typen haben kein Problem, Hindernisse zu überwinden und gegen den Strom zu schwimmen, ihre dabei eingesetzte Energie und Direktheit kann allerdings aufdringlich oder aggressiv wirken. Da sie ziemlich ungeniert um etwas bitten oder ungefragt die Führung übernehmen, laufen sie ständig Gefahr, die Grenzen anderer zu überschreiten. Ihre eigenen Grenzen vermitteln sie unmissveständlich, achten sie aber oft selbst nicht. Manchmal verlangen sie zu viel von sich oder sind überaktiv, bis sie irgendwann zusammenbrechen.

GESUNDE GRENZEN IDENTIFIZIEREN

- **Achten Sie auf Grenzen und darauf, wann Sie sie überschreiten.** Wenn es Ihre Priorität ist, das Wochenende mit Ihrer Familie zu verbringen, Sie dann aber etwas anderes tun, haben Sie sich selbst verraten. Wenn Ihre Angestellte sagt, sie könne nicht mehr als 20 Stunden pro Woche arbeiten, und Sie teilen sie für 24 Stunden ein, haben Sie deren Grenze missachtet.
- **Vorsicht, wenn Sie jemandem helfen möchten** – zum Beispiel Lösungen für fremde Probleme finden, andere aufmuntern, um ihre schmerzhaften Gefühle abzumildern, oder sie von schlechten Entscheidungen und Situationen abhalten wollen. Erkennen Sie, wann Sie ein Problem zu lösen versuchen, das nicht Ihr eigenes ist. Sehr viel hilfreicher ist es, jemanden zu stärken, damit er sich selber helfen kann. Verändern Sie Ihre Haltung von »Komm, ich mach das für dich« zu »Ich bin sicher, du bekommst das hin.«
- **Fragen Sie um Erlaubnis, bevor Sie mit Rat oder Hilfe vorpreschen.** Wenn Sie jemanden aufmuntern wollen, fragen Sie zuerst: »Wie kann ich dich unterstützen?« Wenn Sie jemandem einen Rat geben wollen, fragen Sie vorher: »Möchtest du hören, was ich darüber denke?«
- Wenn Sie merken, dass Sie mit den schwierigen Gefühlen oder Problemen von jemandem beschäftigt sind, **fragen Sie sich, welche schwierigen Gefühle oder Probleme Sie gerade in Ihrem eigenen Leben vermeiden**. Auf Ihre Gefühle zu achten ist hilfreich für Ihre Beziehungen.
- **Versuchen Sie nicht, andere Menschen zu verändern.** Die Bemühung, das Denken, die Gefühle oder die Handlungen anderer zu verändern, führt nur zu Erschöpfung und Frustration. Verwenden Sie Ihre Aufmerksamkeit und Energie auf das, was Sie ändern können – Ihr eigenes Verhalten.

Gesunde Grenzen setzen

Wenn Sie eine Grenze deutlich formulieren und jemand sie wiederholt missachtet, müssen Sie wohl eine Konsequenz androhen. Diese muss allerdings in Ihrer Macht stehen, und Sie müssen entschlossen sein, sie umzusetzen, zum Beispiel: »Wenn du weiter so schreist, kann ich das Gespräch nicht fortsetzen.«

SCHWACHE GRENZEN Anderen für die eigenen Gefühle, Entscheidungen, Bedürfnisse und Wünsche die Schuld geben.	**GESUNDE GRENZEN** Die Verantwortung für seine eigenen Gefühle, Entscheidungen, Bedürfnisse und Wünsche übernehmen.
»Warum bist du so neugierig?«	»Ich möchte keine Fragen zu meinem Sexleben beantworten.«
»Du gibst mir nicht das Gefühl, geliebt zu werden.«	»Ich fühle mich in unserer Beziehung unsicher.«
»Warum hat denn keiner eine glutenfreie Pizza bestellt?«	»Ich vertrage kein Gluten. Deswegen habe ich mein Essen für heute Abend selbst mitgebracht.«
»Du überreagierst. Ich gehe jetzt spazieren.«	»Das ist gerade zu viel für mich, ich brauche eine Pause. Können wir das Gespräch in einer halben Stunde fortsetzen?«
»Tut mir leid, dass wir uns nie erreichen. Es ist gerade eine verrückte Woche!«	»Ich hab gerade keine Zeit zum Telefonieren. Können wir nächste Woche sprechen?«
»Dir ist doch eh egal, was ich denke.«	»Ich hab das Gefühl, dass mein Standpunkt nicht klar wurde. Aber mir ist wichtig, dass du verstehst, was ich denke.«
»Es spielt doch sowieso keine Rolle, was ich geplant hatte, oder?«	»Meine Pläne werden in unserer Beziehung nicht so oft berücksichtigt wie deine. Können wir das besser ausgleichen?«
»Warum hast du mir nicht früher geraten, meinen Job zu kündigen? Du wusstest doch, dass ich unglücklich war.«	»Ich war unglücklich mit meiner Arbeit, aber ich habe entschieden, so lange dort zu arbeiten, wie ich es getan habe.«

SCHWACHE GRENZEN **Für Gefühle, Entscheidungen, Bedürfnisse und Anliegen anderer Verantwortung übernehmen.**	**GESUNDE GRENZEN** **Andere für ihre Gefühle, Entscheidungen, Bedürfnisse und Anliegen selbst Verantwortung übernehmen lassen.**
»Das solltest du auf keinen Fall tun. Es ist zu riskant.«	»Das hast du dir sicher gut überlegt. Lass mich wissen, ob und wie ich dich unterstützen kann.«
»Ich hab mit meiner Freundin über dich gesprochen, ... der Marketing-Leiterin. Ich weiß, du wolltest das nicht, aber es ist ein wirklich guter Kontakt. Sie kann dich am Freitag um 9 Uhr treffen, also halte dir den Termin frei.«	»Du klingst ziemlich interessiert an einem Job im Marketing. Sag Bescheid, wenn du möchtest, dass ich einen Kontakt mit meiner Freundin dort herstelle.«
»Tut mir leid, dass ich dich eifersüchtig gemacht habe, weil ich mich mit meinen alten Freunden treffen wollte. Ich bleibe stattdessen mit dir zu Hause.«	»Ich freue mich, heute Abend meine Freunde zu treffen. Ich liebe dich. Und ich hoffe, du findest etwas Schönes, was du heute Abend machen kannst.«
»Klar kann ich heute deine Schicht bei der Arbeit übernehmen. Eigentlich war ich zum Geburtstag eingeladen. Sag mir Bescheid, falls du doch noch jemand anderen als Ersatz findest.«	»Es tut mir leid, dass du verkatert bist und dich mies fühlst. Aber ich kann deine Schicht heute leider nicht übernehmen.«
»An diese Religion solltest du wirklich nicht glauben.«	»Ich glaube an etwas anderes, aber ich respektiere dein Recht, deinen eigenen Glauben zu praktizieren.«
»Deswegen brauchst du nicht mehr zu weinen. Es ist doch keine große Sache, und morgen wird's dir schon besser gehen. Komm, ich zeig dir ein lustiges Video, das wird dich aufmuntern!«	»Ich verstehe, dass du traurig bist. Wie kann ich dich unterstützen?«
»Du weißt, dass dieses Wegwerfgeschirr, das du für deine Party gekauft hast, ganz schlecht für die Umwelt ist, oder? Ich kann dir nächstes Mal eine andere Marke empfehlen.«	»Danke für die Einladung zu deiner Party.«

Mantras für gesunde Grenzen

Diese Mantras können Ihnen helfen, sich an die Grenzlinien zwischen sich und anderen zu erinnern. Wenn Sie diese Grenzen im Kopf haben, sorgen Sie aus Liebe und von Herzen für andere (und sich selbst), anstatt aus Verpflichtung und mit Unmut.

TYP 1
DER VISIONÄR

Für ihre/seine Entscheidungen trage nicht ich die Verantwortung.

TYP 2
DER VERBINDLICHE

Für ihre/seine Bedürfnisse trage nicht ich die Verantwortung.

TYP 3
DER LEUCHTENDE

Für ihren/seinen Erfolg trage nicht ich die Verantwortung.

TYP 4
DER KÜNSTLER

Ihre/Seine Reaktion auf mich ist nicht meine Verantwortung.

TYP
5
DER PHILOSOPH

Für ihre/seine Meinung trage nicht ich die Verantwortung.

TYP
6
DER ANWALT

Für ihre/seine Entscheidungen trage nicht ich die Verantwortung.

TYP
7
DER ENTDECKER

Für ihr/sein Glück trage nicht ich die Verantwortung.

TYP
8
DER KÄMPFER

Für ihre/seine Sicherheit trage nicht ich die Verantwortung.

TYP
9
DER DIPLOMAT

Für ihr/sein Wohlbefinden trage nicht ich die Verantwortung.

Die drei Weisheits-zentren

Ihr Kopf, Ihr Herz und Ihr Körper: Das sind Ihre Weisheitszentren. Sie stehen für die verschiedenen Arten, die Welt zu erleben und Ihre Erfahrungen zu verarbeiten. Sie nutzen alle drei Zentren, eines jedoch stärker als die anderen.

Achter, Neuner und Einser handeln vornehmlich aus ihrem Körperzentrum heraus und erleben die Welt über Intuition, Fühlen und Bauchgefühl. Für alle drei ist Wut eine treibende Kraft.

Zweier, Dreier und Vierer handeln vornehmlich aus ihrem Herzzentrum heraus und erleben die Welt über ihre Gefühle. Die Scham als antreibendes Gefühl haben sie gemeinsam.

Fünfer, Sechser und Siebener handeln hauptsächlich aus dem Kopfzentrum heraus und erleben die Welt über Gedanken und Informationen. Ihr Antriebsgefühl ist die Angst.

Wut, Scham und Angst sind Emotionen, die wir alle erleben. Doch eine dieser Emotionen stellt in Ihrem Leben eine stärkere Kraft dar als die anderen, bestimmt durch Ihr dominantes Weisheitszentrum.

8 • 9 • 1

KÖRPERZENTRUM

(Handeln, Bauchgefühl, Fühlen, Intuition)

Hauptgefühl: **Wut**

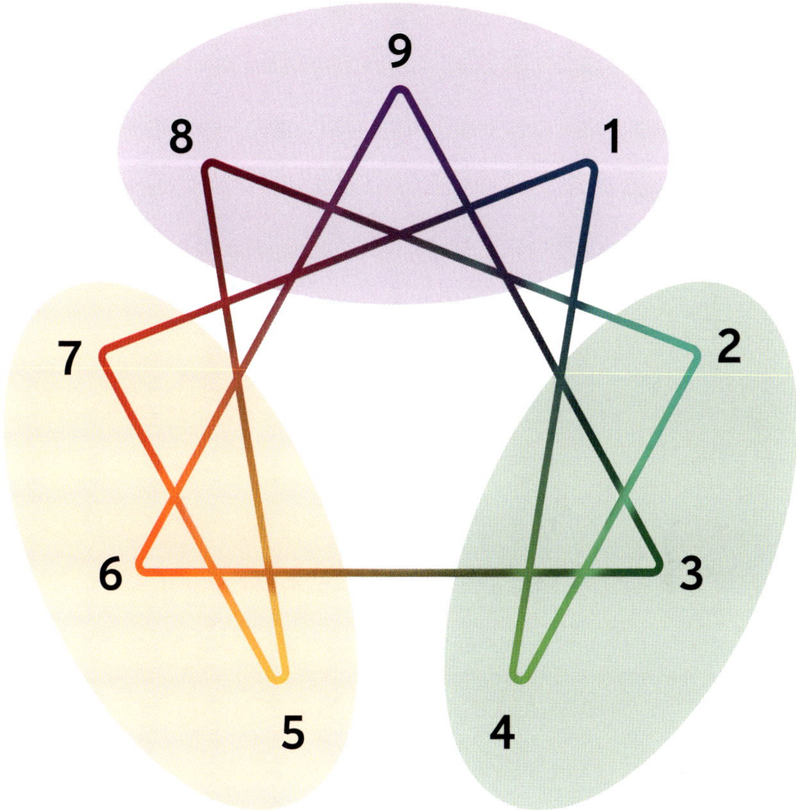

5 • 6 • 7

KOPFZENTRUM

(Denken, Gehirn, Information, Logik)

Hauptgefühl: **Angst**

2 • 3 • 4

HERZZENTRUM

(Fühlen, Seele, Emotion, Erleben)

Hauptgefühl: **Scham**

Kopf, Herz und Körper

- Jeder Mensch hat drei Weisheitszentren: Kopf (Denken), Herz (Fühlen) und Körper (Spüren, Intuition).
- Die drei Weisheitszentren stehen für verschiedene Arten, die Welt zu erfahren und zu verarbeiten. Keines ist den anderen übergeordnet. Sie sind alle wichtig für das Erleben der Welt und das Verarbeiten des Erlebten.
- Je nach Enneagramm-Typ nutzt man eins der Zentren mehr als die anderen. Man hat aber die Fähigkeit, alle drei zu nutzen.
- Man kann sein Weisheitszentrum zu viel oder zu wenig einsetzen und sich entweder zu viel oder zu wenig auf seine Gedanken, Gefühle oder Instinkte verlassen. Idealerweise werden alle drei Zentren im gleichen Umfang genutzt.
- Die Beschäftigung mit den Weisheitszentren lehrt Sie wichtige Unterschiede in der Art, wie Sie und Ihre Lieben die Welt erleben und Erlebnisse verarbeiten.

KÖRPERZENTRUM: 8 • 9 • 1

Das gemeinsame Gefühl der dem Körperzentrum zugeordneten Enneagramm-Typen ist Wut. Während die Acht dazu neigt, ihre Wut deutlich auszudrücken, ignoriert die Neun ihre Wut häufig oder merkt sie nicht einmal, bis sie überkocht. Und die Eins internalisiert ihre Wut, die sich dann als passive Aggression oder unterdrückte Gereiztheit äußern kann. Vergegenwärtigen Sie sich einmal, wie Wut den Körper erfüllt, wenn man sie spürt: Sie bringt eine Art Hitze in den Körper, und dieses körperliche Erleben ist charakteristisch für die Typen des Körperzentrums. Sie bewegen sich mit Bauchgefühl durch die Welt, nach dem sie sich entweder richten oder das sie unterdrücken. Sie erleben und verarbeiten die Welt stärker über ihre Wahrnehmungen, Instinkte und Sinne als über bewusste Gefühle oder Gedanken.

KOPFZENTRUM: 5 • 6 • 7

Das den Typen des Kopfzentrums gemeinsame Gefühl ist die Angst. Die Fünf zieht sich in ihr eigenes inneres Erleben zurück und antwortet damit auf eine Angst, mit der sie in der Außenwelt nicht angemessen umgehen kann. Die Sechs sucht sich äußere Quellen der Führung und Sicherheit und flieht so vor ihrer Angst, dass sie vermeintlich nicht die richtigen Entscheidungen trifft oder dass ihre Sicherheit bedroht ist. Und die Sieben wendet sich nach außen, um ihren Kopf mit äußeren Befriedigungen und Ablenkungen zu füllen. So läuft sie der inneren Angst weg, weil sie fürchtet, schmerzhafte Gefühle zu erleben, mit denen sie nicht fertig wird. Denken Sie daran, wie man das Gefühl der Angst erlebt, wie es den Kopf mit Gedanken an Gefahr erfüllt oder eben mit Gedanken, um von diesen abgelenkt zu werden. Stellen Sie sich vor, wie Angst das Denken in einen Zustand der Wachsamkeit versetzt. Dies ist typisch für Kopftypen, die das Leben primär durch Denken und nicht so sehr durch Fühlen oder Spüren verarbeiten.

HERZZENTRUM: 2 • 3 • 4

Scham ist das gemeinsame Empfinden der Typen des Herzzentrums. Sie ist eine tief sitzende Unsicherheit, dass man so, wie man ist, nicht gut genug ist. Typen des Herzzentrums gehen mit dieser Scham verschieden um: Die Zwei möchte die Zuneigung anderer gewinnen, die Drei die Bewunderung anderer verdienen und die Vier möchte sich mit viel Individualität und Einzigartigkeit ihren eigenen Wert beweisen. Denken Sie an das Erleben des Schamgefühls, wie dieses Gefühl wellenartig das Herz überschwemmt, wie man meint, dass dunkle Wolken die Seele überschatten. Sich diese Art gefühlsmäßigen Erlebens vorzustellen, ist der Schlüssel, um die gefühlsorientierten Erfahrungen der Herztypen zu verstehen, die mehr aus ihren Emotionen heraus leben als aus ihren Gedanken oder ihrem Bauchgefühl.

Weisheitszentren und Beziehungen

- Respektieren Sie die Unterschiede zwischen der Art, wie Sie die Welt erleben, und der Art, wie andere es tun. Wenn ein Ihnen Nahestehender ein anderes dominantes Weisheitszentrum als Sie hat, stellen Sie sich vor, wie es wäre, die Welt auf seine Art zu erfahren und zu verarbeiten. Versuchen Sie, die Dinge aus seiner Perspektive zu sehen, dann werden Sie ihn besser verstehen.
- Für mehr Tiefe in Ihren Gesprächen stellen Sie Fragen, die alle drei Weisheitszentren ansprechen:
  - » Was sind deine Gedanken dazu?
  - » Wie fühlt sich das für dich an?
  - » Was sagt dein Bauchgefühl dazu?
- Vor einer wichtigen Diskussion betrachten Sie das Thema aus der Perspektive aller drei Weisheitszentren, denn allzu leicht reagiert man impulsiv aus seinem dominanten Zentrum heraus. Wenn Sie aber nur Ihre Gefühle ausdrücken, und die andere Person antwortet nur mit Vernunft, sprechen Sie verschiedene Sprachen. Ähnlich ist es, wenn Sie nur Ihre Gedanken erläutern und der andere reagiert mit seinem Bauchgefühl. Versuchen Sie, im Gespräch alle drei Zentren zu berücksichtigen.
- Unterschätzen Sie nicht die Bedeutung des primären Weisheitszentrums Ihres Gesprächspartner. Dessen gefühlsmäßige Erfahrung, seine Gedankenprozesse oder Intuition abzuwerten, kann leicht zu einem Konflikt führen oder zumindest verletzte Gefühle und Frustration hervorrufen.

- Mit dem Wissen um Ihr eigenes primäres Weisheitszentrum können Sie bei einer gemeinsamen Entscheidungsfindung Ihre Bedürfnisse besser vermitteln. Ist man ein Herztyp, sollte der andere zeigen, dass er die emotionale Wirkung der Entscheidung versteht. Ein Kopftyp braucht die Bestätigung, dass der andere die Logik und Vernunft in dem sieht, was er sich wünscht. Und ein Körpertyp braucht die Anerkennung der Wichtigkeit des Bauchgefühls in Bezug auf eine Angelegenheit. Auch wenn die Ansicht sich verändern kann, sollte dem Ausdruck des primären Zentrums Raum gegeben werden. Ist man sich bewusst, wie man diese Bedürfnisarten äußert, verläuft die Kommunikation über gemeinsame Entscheidungen effektiver und harmonischer.
- Bedenken Sie während eines Konflikts, welche primäre Emotion Ihr Verhalten prägt. Scham (das Gefühl, so, wie man ist, nicht akzeptiert zu werden) kann beim Herztyp die treibende Kraft sein. Beim Körpertyp bricht sich im Konflikt vielleicht unterdrückte Wut Bahn, und beim Kopftyp können die Gedanken und Argumente von Angst gelenkt sein. Ihre eigenen schmerzhaften Emotionen wahrzunehmen und anzuerkennen, kann Sie aus einem emotional aufgeladenen Zustand herausbringen und den Dialog versachlichen. Wenn man seine Gefühle laut äußern möchte, sollte man seine Worte mit »Ich fühle« einleiten und vermeiden, den anderen für die eigenen Gefühle verantwortlich zu machen.

LITERATURHINWEISE

Burns, David D., *Feeling Good: Depressionen überwinden*, Junfermann, Paderborn 2006

Harris, Russ, *ACT leicht gemacht: Der Leitfaden für die Praxis der Akzeptanz- und Commitment-Therapie*, Arbor, Freiburg im Breisgau 2020

Neff, Kristin, *Selbstmitgefühl – Das Übungsbuch: Ein bewährter Weg zu Selbstakzeptanz, innerer Stärke und Freundschaft mit sich selbst*, Arbor, Freiburg im Breisgau 2019

Riso, Don Richard und Russ Hudson, *Die Weisheit des Enneagramms. Entdecken Sie Ihren inneren Reichtum*, Goldmann, München 2000

Rogers, Carl R., *Entwicklung der Persönlichkeit: Psychotherapie aus der Sicht eines Therapeuten*, Klett-Cotta, Stuttgart 2018

Seligman, Martin E. P., *Der Glücks-Faktor: Warum Optimisten länger leben*, Lübbe, Köln 2005

ders., Flourish - Wie Menschen aufblühen: Die Positive Psychologie des gelingenden Lebens, Kösel-Verlag, München 2012

REGISTER

A

Abstempeln 77
Abwertungen des Positiven 77
Achtsamkeit bei Stress 68–69
Akzeptanz- und Commitment-Therapie 88
Alles oder nichts, Denkfalle 76
Ängste
- Anwalt (Persönlichkeitstyp) 50
- Diplomat (Persönlichkeitstyp) 62
- Entdecker (Persönlichkeitstyp) 54
- identifizieren 16
- Kämpfer (Persönlichkeitstyp) 58
- Künstler (Persönlichkeitstyp) 42
- Leuchtende, der (Persönlichkeitstyp) 38
- Philosoph (Persönlichkeitstyp) 46
- Verbindliche, der (Persönlichkeitstyp) 34
- Visionär (Persönlichkeitstyp) 30

Anwalt (Persönlichkeitstyp 6) 15, 48–49
- Ängste 50
- Flügeltyp 50
- gestärktes Denken 83
- Haupthindernisse 50
- Hauptmotivationen 50
- Hauptwerte 93
- Mantras für gesunde Grenzen 133
- nachgiebige Haltung 124–125
- Selbstfürsorge 101
- Sicherheitstyp 50
- Stresstyp 50
- Wachstum ist möglich 51
- Weisheitszentren 134–139

B

Beck, Aaron T. 74
bestimmende Haltung 118–119
Beziehungsstärkung 108–109

Grenzen 120–121, 125, 127, 129
Mantras 132–133
setzen 130–131
Haltungen 118–119, 124–129
Kontrolle 122–123
Subtypen 110–117
Weisheitszentren 134–139
Burns, David D. 77

D

Denkfallen 76–77
Diplomat (Persönlichkeitstyp 9) 15, 60–61
Ängste 62
Flügeltyp 62
gestärktes Denken 86
Haupthindernisse 62
Hauptmotivationen 62
Hauptwerte 93
Mantras für gesunde Grenzen 131
Selbstfürsorge 104
Sicherheitstyp 62
Stresstyp 62
verschlossene Haltung 126–127
Wachstum ist möglich 63
Weisheitszentren 134–139

E

emotionales Argumentieren 77
Enneagramm, das 9, 12, 16
Persönlichkeitstypen 14–15
identifizieren 24–27
Symbol 12–13
Entdecker (Persönlichkeitstyp 7) 15, 52–53
Ängste 54
bestimmende Haltung 128–129
Flügeltyp 54
gestärktes Denken 84
Haupthindernisse 54
Hauptmotivationen 54
Hauptwerte 93
Mantras für gesunde Grenzen 133
Selbstfürsorge 102
Sicherheitstyp 54
Stresstyp 54
Wachstum ist möglich 55
Weisheitszentren 134–139
Etikettierung 77

F

Flügeltypen 19
Anwalt (Persönlichkeitstyp) 50
Diplomat (Persönlichkeitstyp) 62
Entdecker (Persönlichkeitstyp) 54
Kämpfer (Persönlichkeitstyp) 58
Künstler (Persönlichkeitstyp) 42
Leuchtende, der (Persönlichkeitstyp) 38
Philosoph (Persönlichkeitstyp) 46
Verbindliche, der (Persönlichkeitstyp) 34
Visionär (Persönlichkeitstyp) 30

G

Gedankenlesen 76
gestärktes Denken 74, 75, 128–129
Anwalt (Persönlichkeitstyp) 83
Diplomat (Persönlichkeitstyp) 86
Entdecker (Persönlichkeitstyp) 84
Kämpfer (Persönlichkeitstyp) 85
Künstler (Persönlichkeitstyp) 81
Leuchtende, der (Persönlichkeitstyp) 80
negative Denkfalle 75, 76-77
Philosoph (Persönlichkeitstyp) 82
Verbindliche, der (Persönlichkeitstyp) 79
Visionär (Persönlichkeitstyp) 78
gesunde Grenzen setzen 130–131
Grenzen 120–121
gesunde Grenzen setzen 130–131
Mantras 132–133
bestimmende Haltung 129
nachgiebige Haltung 125
verschlossene Haltung 127

H

Haltungen 118–119
bestimmende 128–129
nachgiebige 124–125
verschlossene 126–127
Handlungen, beobachten 20
Handlungsmuster 15

Hauptängste
  Anwalt (Persönlichkeitstyp) 50
  Diplomat (Persönlichkeitstyp) 62
  Entdecker (Persönlichkeitstyp) 54
  Kämpfer (Persönlichkeitstyp) 58
  Künstler (Persönlichkeitstyp) 42
  Leuchtende, der (Persönlichkeitstyp) 38
  Philosoph (Persönlichkeitstyp) 46
  Verbindliche, der (Persönlichkeitstyp) 34
  Visionär (Persönlichkeitstyp) 30
Haupthindernisse
  Anwalt (Persönlichkeitstyp) 50
  Diplomat (Persönlichkeitstyp) 62
  Entdecker (Persönlichkeitstyp) 54
  identifizieren 16
  Kämpfer (Persönlichkeitstyp) 58
  Künstler (Persönlichkeitstyp) 42
  Leuchtende, der (Persönlichkeitstyp) 38
  Philosoph (Persönlichkeitstyp) 46
  Verbindliche, der (Persönlichkeitstyp) 34
  Visionär (Persönlichkeitstyp) 30
Hauptmotivationen
  Anwalt (Persönlichkeitstyp) 50
  Diplomat (Persönlichkeitstyp) 62
  Entdecker (Persönlichkeitstyp) 54
  identifizieren 16
  Kämpfer (Persönlichkeitstyp) 58
  Künstler (Persönlichkeitstyp) 42
  Leuchtende, der (Persönlichkeitstyp) 38
  Philosoph (Persönlichkeitstyp) 46
  Verbindliche, der (Persönlichkeitstyp) 34
  Visionär (Persönlichkeitstyp) 30
Hauptwerte 92–93
  Anwalt (Persönlichkeitstyp) 93
  Diplomat (Persönlichkeitstyp) 93
  Entdecker (Persönlichkeitstyp) 93
  Kämpfer (Persönlichkeitstyp) 93
  Künstler (Persönlichkeitstyp) 92
  Leuchtende, der (Persönlichkeitstyp) 92
  Philosoph (Persönlichkeitstyp) 93
  Verbindliche, der (Persönlichkeitstyp) 92
  Visionär (Persönlichkeitstyp) 92
Hayes, Dr. Steven 88
Herzzentrum 135, 137

I

Ichazo, Oscar 12

K

Kämpfer (Persönlichkeitstyp 8) 15, 56–57
  Ängste 58
  bestimmende Haltung 128–129
  Flügeltyp 58
  gestärktes Denken 85
  Haupthindernisse 58
  Hauptmotivationen 58
  Hauptwerte 93
  Mantras für gesunde Grenzen 133
  Selbstfürsorge 103
  Sicherheitstyp 58
  Stresstyp 58
  Wachstum ist möglich 59
  Weisheitszentren 134–139
Katastrophendenken 76
Kontrolle von Beziehungen 122–123
Kopfzentrum 135, 137
Körperzentrum 135, 136
Künstler (Persönlichkeitstyp 4) 14, 40–41
  Ängste 42
  Flügeltyp 42
  gestärktes Denken 81
  Haupthindernisse 42
  Hauptmotivationen 42
  Hauptwerte 92
  Mantras für gesunde Grenzen 132
  Selbstfürsorge 99
  Sicherheitstyp 42
  Stresstyp 42
  verschlossene Haltung 126–127
  Wachstum ist möglich 43
  Weisheitszentren 134–139

L

Lernen mit Demut 20
Leuchtende, der (Persönlichkeitstyp 3) 14, 36–37
  Ängste 38

bestimmende Haltung 128–129
Flügeltyp 38
gestärktes Denken 80
Haupthindernisse 38
Hauptmotivationen 38
Hauptwerte 92
Mantras für gesunde Grenzen 132
Selbstfürsorge 98
Sicherheitstyp 38
Stresstyp 38
Wachstum ist möglich 39
Weisheitszentren 134–139

M

Mantras für gesunde Grenzen 132–133
mentales Filtern 76

N

nachgiebige Haltung 118–119, 124–125
Naranjo, Claudio 12
Neff, Kristin 66

P

Persönlichkeitstypen 14–15
identifizieren 20, 22–27
Philosoph (Persönlichkeitstyp 5) 14, 44–45
Ängste 46
Flügeltyp 46
gestärktes Denken 82
Haupthindernisse 46
Hauptmotivationen 46
Hauptwerte 93
Mantras für gesunde Grenzen 133
Selbstfürsorge 100
Sicherheitstyp 46
Stresstyp 46
verschlossene Haltung 126–127
Wachstum ist möglich 47
Weisheitszentren 134–139

S

Selbsterhaltungssubtyp 110–117
Selbstermächtigung 9, 12, 20–21
Selbstfürsorge 94–105
Anwalt (Persönlichkeitstyp) 101
Diplomat (Persönlichkeitstyp) 104
Entdecker (Persönlichkeitstyp) 102
Kämpfer (Persönlichkeitstyp) 103
Künstler (Persönlichkeitstyp) 99
Leuchtende, der (Persönlichkeitstyp) 98
Philosoph (Persönlichkeitstyp) 100
stärken 105
Verbindliche, der (Persönlichkeitstyp) 97
Visionär (Persönlichkeitstyp) 96
Selbstmitgefühl 20, 66–67
Seligman, Martin 70
sexueller Subtyp 110–117
sich selbst die Schuld zuweisen 76
Sicherheitstyp 18
Anwalt (Persönlichkeitstyp) 50
Diplomat (Persönlichkeitstyp) 62
Entdecker (Persönlichkeitstyp) 54
Kämpfer (Persönlichkeitstyp) 58
Künstler (Persönlichkeitstyp) 42
Leuchtende, der (Persönlichkeitstyp) 38
Philosoph (Persönlichkeitstyp) 46
Verbindliche, der (Persönlichkeitstyp) 34
Visionär (Persönlichkeitstyp) 30
»Sollte«-Aussagen 77
sozialer Subtyp 110–117
Stärken ausleben 70–73
Stress
achtsam reagieren auf 68–69
Auslöser 68
Strategien gegen 69
Stresstyp 18
Anwalt (Persönlichkeitstyp) 50
Diplomat (Persönlichkeitstyp) 62
Entdecker (Persönlichkeitstyp) 54
Kämpfer (Persönlichkeitstyp) 58
Künstler (Persönlichkeitstyp) 42
Leuchtende, der (Persönlichkeitstyp) 38
Philosoph (Persönlichkeitstyp) 46
Verbindliche, der (Persönlichkeitstyp) 34
Visionär (Persönlichkeitstyp) 30
Symbol (Enneagranm) 12–13

T

Typen *siehe* Persönlichkeitstypen

U

Übertreiben 77
übertriebene Verallgemeinerung 76
Untertreiben 77

V

Verbindliche, der (Persönlichkeitstyp 2) 14, 32–33
  Ängste 34
  Flügeltyp 34
  gestärktes Denken 79
  Haupthindernisse 34
  Hauptmotivationen 34
  Hauptwerte 92
  Mantras für gesunde Grenzen 132
  nachgiebige Haltung 124–125
  Selbstfürsorge 97
  Sicherheitstyp 34
  Stresstyp 34
  Wachstum ist möglich 35
  Weisheitszentren 134–139
verschlossene Haltung 116–117, 126–127
Visionär (Persönlichkeitstyp 1) 14, 28–29
  Ängste 30
  Flügeltypen 30
  gestärktes Denken 78
  Haupthindernisse 30
  Hauptmotivationen 30
  Hauptwerte 92
  Mantras für gesunde Grenzen 132
  nachgiebige Haltung 124–125
  Selbstfürsorge 96
  Sicherheitstyp 30
  Stresstyp 30
  Wachstum ist möglich 31
  Weisheitszentren 134–139
  Vorhersagen 77

W

Weisheitszentren 136–141
Werte 88–93

BILDNACHWEIS

5 iStock: benedek. **8** Dreamstime.com: Robert Crum. **10-11** iStock: timnewman. **17** iStock: xenotar. **22** Getty RF: Arctic-Images. **26** Dreamstime.com: Dmitry Pichugin / Dmitryp. **64–65** iStock: Christian Petrone. **72** Dreamstime.com: Boule13. **91** iStock: FG Trade. **95** 123RF.com: subbotina. **106–107** iStock: 4nadia. **113** Dreamstime.com: Beatrice Preve. **116** iStock: AndrewSoundarajan.

DANK

Ich bin meinen Enneagrammlehrern Suzanne Stabile, Ian Morgan Cron, Dr. Beatrice Chestnut, Don Richard Riso (1946–2012) und Russ Hudson dankbar. Sie alle haben zu meinem Verständnis des Enneagramms und seiner Wertschätzung beigetragen. Und ich danke meiner Familie und meinen Freunden – die ich auch als Familie zähle. Sie stärken mich täglich mit ihrer Unterstützung, ihren Anregungen, ihrer Akzeptanz und ihrem Glauben an mich.

ÜBER DIE AUTORIN

Laura Miltenberger ist die Autorin von *My Enneagram Journal* und Mitbegründerin von @xoenneagram, einem Instagram-Account mit Quellen für Selbstfürsorge und das Enneagramm. Sie lebt zur Zeit in Portland, Oregon (USA).